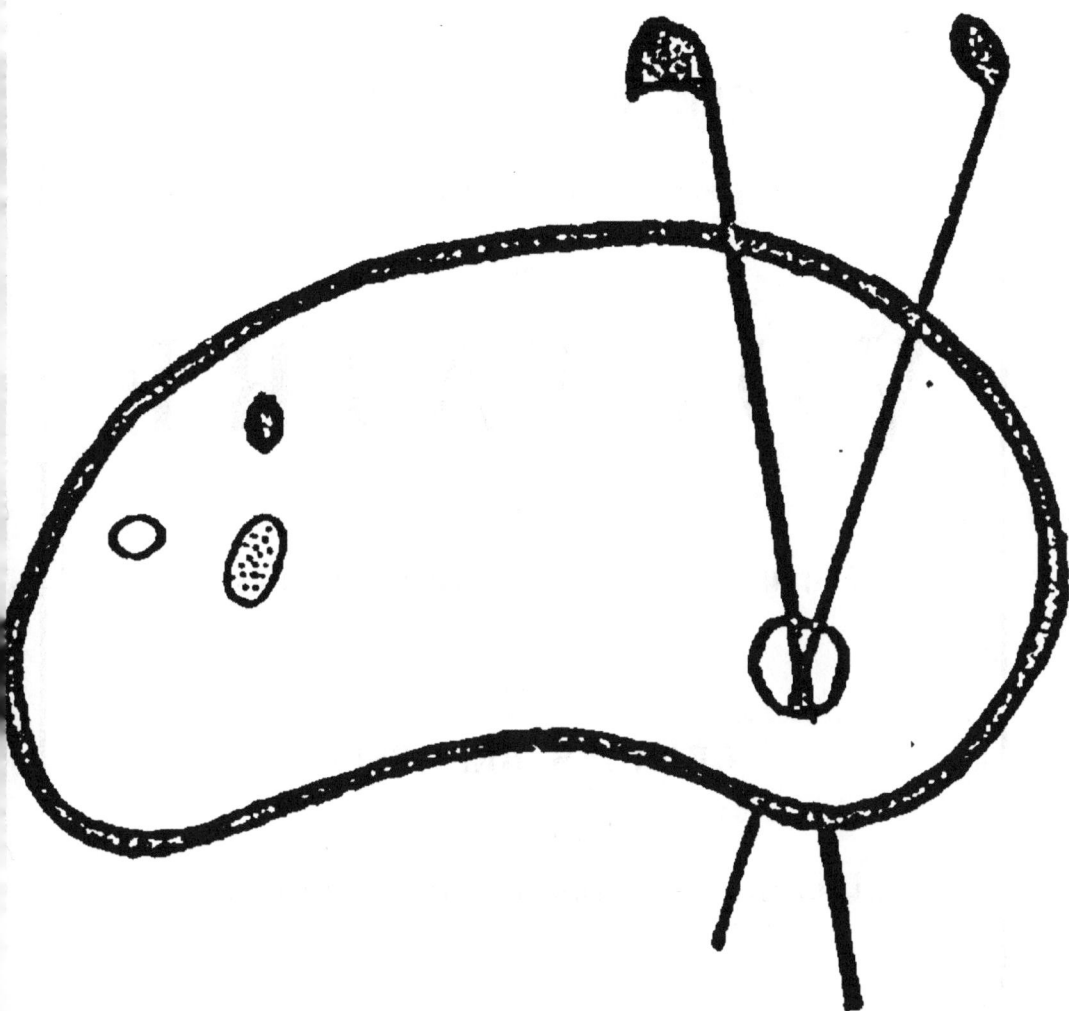

DEBUT D'UNE SERIE DE DOCUMENTS
EN COULEUR

NOTICE BIBLIOGRAPHIQUE

SUR LES PRINCIPAUX ÉCRITS

DE

VOLTAIRE

AINSI QUE SUR

CEUX QUI LUI ONT ÉTÉ ATTRIBUÉS

PAR

GEORGES BENGESCO

AUTEUR DE LA

BIBLIOGRAPHIE DES ŒUVRES DE VOLTAIRE

PARIS

IMPRIMERIE DE A. QUANTIN

7, RUE SAINT-BENOIT

1882

A Quantin Imprimeur.

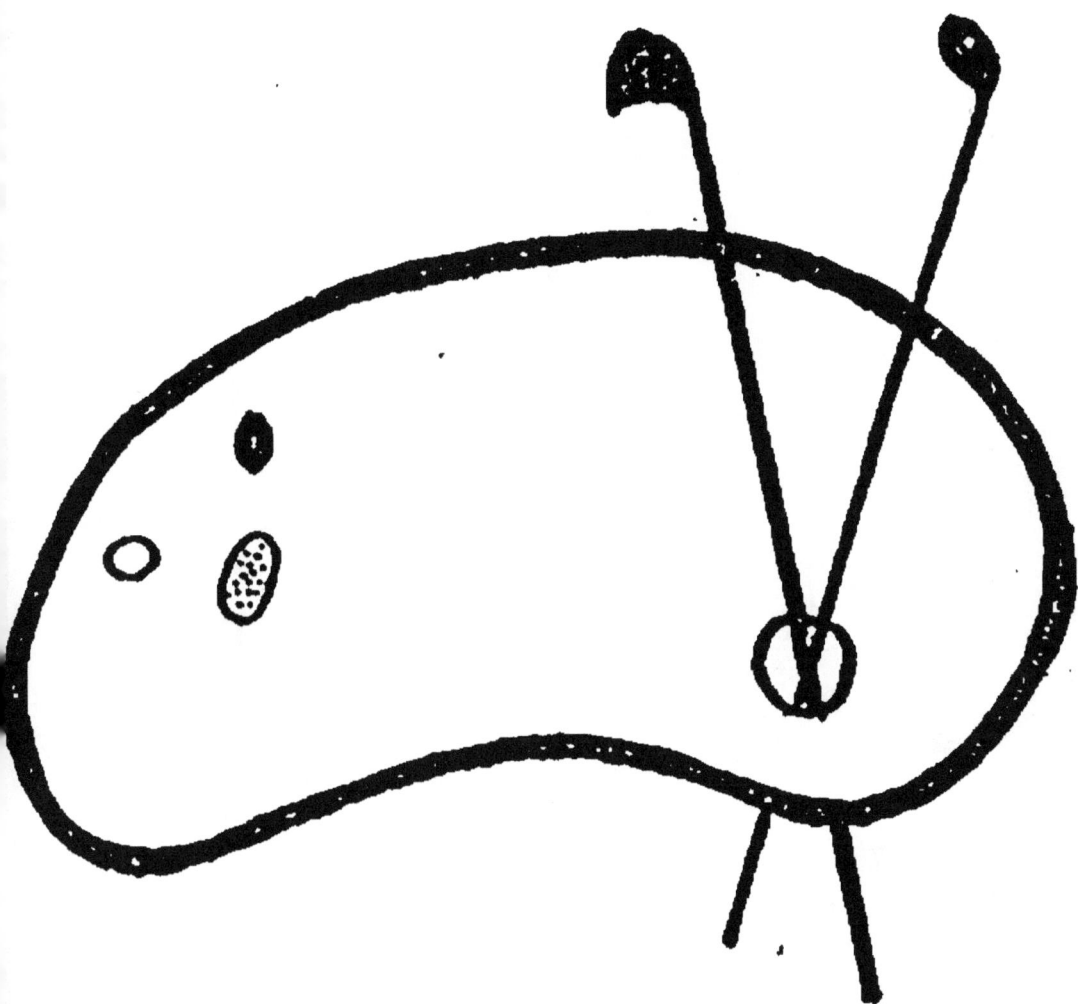

FIN D'UNE SERIE DE DOCUMENTS
EN COULEUR

NOTICE BIBLIOGRAPHIQUE

SUR LES PRINCIPAUX ÉCRITS

DE VOLTAIRE

Cette *Notice bibliographique*, tirée seulement à 50 exemplaires, sur papier de Hollande, est extraite du tome L° de l'édition des *Œuvres complètes de Voltaire*, publiée par M. L. MOLAND, chez MM. GARNIER frères.

NOTICE BIBLIOGRAPHIQUE

SUR LES PRINCIPAUX ÉCRITS

DE

VOLTAIRE

AINSI QUE SUR

CEUX QUI LUI ONT ÉTÉ ATTRIBUÉS

PAR

GEORGES BENGESCO

AUTEUR DE LA

BIBLIOGRAPHIE DES ŒUVRES DE VOLTAIRE

PARIS

IMPRIMERIE DE A. QUANTIN

7, RUE SAINT-BENOIT

1882

NOTICE BIBLIOGRAPHIQUE

I. — THÉATRE.

A. — ÉDITIONS DES PIÈCES DE THÉATRE DE VOLTAIRE PUBLIÉES DEPUIS 1719 JUSQU'A NOS JOURS.

1. ŒDIPE, TRAGÉDIE. Par Monsieur de Voltaire. *Paris, P. Ribou;* au Palais, *P. Huet, J. Mazuel* et *Ant. Urb. Coustelier.* 1719, in-8 de 4 ff. non chiff. et 131 pp.

Avec les « Lettres écrites par l'auteur qui contiennent la critique de l'*OEdipe* de Sophocle, de celui de Corneille et du sien ».

LA MÊME TRAGÉDIE: *Paris, P. Ribou.* 1719, in-12 de 4 ff. prélim., 57 pp. (pour OEdipe) et 46 pp. (pour les Lettres écrites par l'auteur, etc.). — *Paris, P. et J. Ribou.* 1719, in-8 de 4 ff. non chiff. et 134 pp. Seconde édition. Revue, corrigée, et augmenté (*sic*) d'une Lettre. — *Amsterdam, Nicolas Violet.* 1719, petit in-8 de 2 ff. non chiff., 54 et 40 pp. — *Paris, veuve de P. Ribou.* 1730, in-8. Nouvelle édition avec une préface dans laquelle on combat les sentiments de M. de La Motte sur la poésie. — *Amsterdam, E. J. Ledet et C* et *J. Desbordes.* 1731. in-8. 1 fig. — *Paris, Prault fils.* 1736, in-8. — *Paris, Duchesne.* 1703, in-12. — *Copenhague, Philibert.* 1770, in-8. — *Paris, Duchesne.* 1777, in-8. — *Bordeaux, Philippot.* 1779, in-8. — *Avignon, frères Bonnet.* 1793, in-8. — *Paris, Fages.* 1816, 1822, in-8. — *Paris, Barba et Hubert.* 1817, in-8. — *Avignon, Raymond Lapierre.* 1826 et 1828, in-8. — *Paris, Michel Lévy frères.* 1875, gr. in-8.

2. HÉRODE ET MARIAMNE, tragédie de M. de Voltaire. *Paris, N. Pissot et Fr. Flahault.* 1725, in-8 de 12 ff. non chiff., 95 pp. et 2 ff. non chiff. pour le privilége.

Cette première édition contient une dédicace à la reine, non reproduite jusqu'ici par les éditeurs de Voltaire. (Voy. l'exemplaire de la Bibliothèque nationale, Y, 5593. — Cette dédicace est au tome XXXII de la présente édition.)

---

1. Dans cette *Notice bibliographique*, nous ne mentionnerons que les écrits imprimés séparément; pour les autres, nous renvoyons à notre ouvrage intitulé : *Voltaire, Bibliographie de ses œuvres. Paris,* 1882 et ann. suiv., in-8.

LA MÊME TRAGÉDIE: *Amsterdam, Changuion.* 1725, in-12. — *Amsterdam, veuve Desbordes* ou *veuve Desrordes (sic).* 1725, in-12. — *Paris, veuve de P. Ribou.* 1726 et 1730, in-8. — *Amsterdam, E. J. Ledet et Cie et J. Desbordes.* 1731, in-8, 1 fig. — *Paris, Prault fils.* 1736, in-8. — *Paris, aux dépens de la Cie.* 1765, in-8. — *Paris, Barba.* 1817, in-8.

3. L'INDISCRET. Comédie de M. de Voltaire. *Paris, Noël Pissot et Fr. Flahault.* 1725, in-8 de 1 f. de titre, 59 pp. et 2 ff. non chiff. pour le privilège. Première édition.

> Avec une dédicace en vers à madame la marquise de *** [Prie].

LA MÊME COMÉDIE: *Amsterdam, E. J. Ledet et Cie et J. Desbordes.* 1732, in-8, 1 fig. — *Ibid., id.* 1736, in-12. — *Paris, Prault fils.* 1742, in-8.

4. LE BRUTUS DE M. DE VOLTAIRE. Avec un discours sur la tragédie. *Paris, J.-Fr. Josse.* 1731, in-8 de 16 ff. prélim., 110 pp. et 2 ff. non chiff. — Seconde édition revue et corrigée par l'auteur. *Amsterdam, E.-J. Ledet et Cie et J. Desbordes,* in-8; 1 fig.

LA MÊME TRAGÉDIE : *Paris, Prault fils.* 1736, in-8. — *Paris, Duchesne.* 1762, in-12. — *S. l. et s. n.* 1772, in-8. — *S. l. et s. n.* 1780, in-8. — *Paris, Webert, l'an second de la liberté.* In-8. — *Paris, Chambon.* 1792, in-8. — *Ibid., P. Guelliot.* 1792, in-8. — *Ibid., et Lille, Deperne.* 1793, in-8. — *Paris, A. Chambon.* 1794, in-8. — *Paris, Fages.* An IX, in-8. — *Paris, Quoy,* 1822, in-18. — *Ibid., Paimparré et Veret.* 1822, in-18. — *Paris, Bezou.* 1825, in-8. — *Paris, Desauges.* 1826, in-32.

5. LES ORIGINAUX OU MONSIEUR DU CAP-VERT. 1732.

> Imprimés en 1820 dans l'édition des *OEuvres* de Voltaire donnée par M. Lequien (t. IX, p. 323). A Cirey, on appelait *les Originaux le grand Boursoufle* ou *Boursoufle l'aîné,* pour distinguer cette comédie de l'*Échange* (voy. plus loin), qui était *le petit Boursoufle.*
> Les couplets qui terminent *les Originaux* ont été imprimés en 1785, dans les *Étrennes lyriques,* etc... *Paris,* in-18.

6. ERIPHILE. Tragédie de M. de Voltaire représentée par les comédiens ordinaires du roi, le vendredi 7 mars 1732. *Pièce que l'auteur s'était opposé qu'elle fût représentée de son vivant (sic). Paris, s. n.* 1779, in-8 de 82 pp. — *Paris, s. n.* 1779, in-8 de 80 pp. — *Paris, s. n.* 1779, in-8 de 54 pp.

> On lit sur le titre de l'édition en 54 pp. : *Pièce que l'auteur ne voulut point faire imprimer de son vivant,* etc....

7. ZAYRE, tragédie. Représentée à Paris, aux mois d'août, novembre et décembre 1732. *Imprimée à Rouen, chez Jore père et fils, et se vend à Paris, chez J.-B. Bauche.* 1733, in-8 de 3 ff. non chiff. (pour le titre et le privilège), 95 pp., 1 p. non chiff. pour l'approbation et 1 f. pour l'errata.

LA MÊME TRAGÉDIE: *Imprimé (sic) à Rouen chez Jore père et fils. S. n. de libraire.* 1733, in-12 de 2 ff. prélim. et 91 pp. — *Rouen et Paris, J.-B. Bauche.*

1733, in-8. (C'est l'édition en 95 pp., à laquelle on a ajouté un titre, une *Épître dédicatoire* à M. Falkener, et une *Épître* à mademoiselle Gaussin). — *Amsterdam, Ét. Ledet.* 1733, in-8. — *Paris, J.-B.-Cl. Bauche.* 1736, in-8 (avec une nouvelle *Épître dédicatoire*). — *Ibid., id.* 1758, in-8. — *Paris, veuve Duchesne.* 1767, in-12. — *Paris, veuve Allouel.* 1771, in-8. — *Naples (de l'impr. de J. Gravier).* 1777, in-8. — *Paris, Delalain.* 1781, in-8. — *Ibid., id.* 1788, in-8. — *Paris, Fages,* 1800, 1801, 1806, 1812, 1814, 1822, in-8. — *Paris, Duchesne.* 1813, in-12. — *Paris, Fain et Hubert.* 1817, in-8. — *Paris, Desauges et Sanson.* 1826, in-32. — *Paris et Strasbourg, Levrault.* 1827, in-18. — *Berlin, Schlesinger.* 1838, gr. in-8 (2 éditions dont l'une *classique*). — *Paris, Marchant.* 1840, in-8. — *Berlin.* 1851 ou 1852, in-32. — *Dresde,* de 1871 à 1875, in-8. — *Paris, librairie de la Bibliothèque nationale.* 1874, in-32. — *Londres,* 1872, in-8, et 1875, in-16.

8. SAMSON, opéra en cinq actes. Non représenté. 1733.

> Impr. en 1745, dans le tome VI° des *OEuvres de Voltaire* (*Amsterdam, Ét. Ledet,* pp. 1 à 54. — Réimprimé séparément (*Paris, Le Mercier et Lambert.* 1750, in-8 de 74 pp. et à la suite d'*Oreste, ibid.,* 1750, in-8).

9. ADÉLAÏDE DU GUESCLIN, tragédie représentée pour la première fois le 18 janvier 1734, et remise au théâtre le 9 septembre 1765. Donnée au public par M. Le Kain, comédien ordinaire du roi. *Paris, veuve Duchesne,* 1765, in-8 de 4 ff. non chiff., 71 pp. et 1 p. non chiff. pour l'approbation.

> Avec une *Préface* et un *Avertissement de l'éditeur.*
> Réimprimée, avec des corrections, dans le tome III° des *Nouveaux Mélanges,* etc., pp. 215-291.

LA MÊME TRAGÉDIE: *Paris, veuve Duchesne.* 1766, in-8 de 4 ff., 71 pp., 1 p. non chiff. et 2 ff. non chiff. Nouvelle édition à laquelle on a joint deux lettres de l'auteur. — *Ibid., id.* 1700, in-8 de 4 ff. prélim. et 60 pp. — *Vienne* (Autriche), *Ghelen.* 1768, in-8. — *Paris, N. B. Duchesne,* 1772, in-8. — *S. l.* et *s. n.,* 1776, in-8. — *Paris, Delalain.* 1777, in-8. (Les frontispices des éditions de 1772 et de 1777 portent : *Adélaïde du Guesclin,* tragédie, etc., par M. Lekain.) — *Paris, Barba.* 1819, in-8.

10. LE DUC DE FOIX, tragédie par M. de Voltaire. *Paris, Lambert.* 1752, in-8 de 2 ff. non chiff. et 64 pp.

> Réimpr. en 1756, sous le titre d'*Amélie ou le duc de Foix,* dans le tome IX° (III° des *Ouvrages dramatiques*) de la *Collection complète des OEuvres de M. de Voltaire,* etc... *S. l.* (Genève), in-8.

LA MÊME TRAGÉDIE: *Amsterdam.* 1752, in-8. — *Dresde.* 1753, in-8. — *Vienne, Ghelen.* 1755, in-8. — *Paris, Lambert.* 1700, in-8.

11. LE DUC D'ALENÇON OU LES FRÈRES ENNEMIS, tragédie en trois actes par Voltaire. Ouvrage inédit publié pour la première fois par M. L. Dubois. *Paris, Pluquet et Brissot-Thivars.* 1821. in-8 de 6 ff. prélim. et 35 pp.

> Le *duc de Foix* et le *duc d'Alençon* sont des variantes d'*Adélaïde du Guesclin.*

12. L'ÉCHANGE OU QUAND EST-CE QU'ON ME MARIE, comédie en deux

actes. *Vienne (Autriche), Ghelen,* 1761, in-8; et 1765, in-8 de 47 pp. Premières éditions.

A Cirey, *l'Échange* était connu sous le nom du *comte de Boursoufle* ou de *Boursoufle* tout court, et pour le distinguer des *Originaux,* qu'on y appelait le *grand Boursoufle ou Boursoufle l'aîné,* on disait *le petit Boursoufle* pour *l'Échange.*

Joué à Cirey en 1736, au château d'Anet en 1747 ; à la Comédie Italienne à Paris, et sur le théâtre de la Cour, à Vienne, en 1761.

Le sujet de *l'Échange* est emprunté à une comédie de Van Brugh : « *The relapse, or Virtue in danger.* »

La première édition française est de 1817 (*OEuvres de Voltaire, Paris, madame Perronneau,* tome VII).

Réimpr. sous son titre primitif, *le Comte de Boursoufle,* par M. Renouard, dans le tome VII⁰ de son édition des *OEuvres* de Voltaire.

LE COMTE DE BOURSOUFLE OU LES AGRÉMENTS DU DROIT D'AINESSE, comédie par feu M. de Voltaire. *Paris, J. Renouard, s. d.* (1826), in-32, ou *Paris, Touquet.* 1826, in-32.

LE COMTE DE BOURSOUFLE OU Mᴸᴸᴱ DE LA COCHONNIÈRE, comédie-bouffe en trois actes et en prose, représentée sur le théâtre impérial de l'Odéon, le 28 janvier 1862, précédée du *Comte de Boursoufle,* conte par Voltaire. *Paris, Plon.* 1862, in-12.

Imprim., la même année, sous le titre de *Mademoiselle de la Cochonnière* dans le *Dernier Volume des OEuvres de Voltaire,* etc... *Paris, Plon.* 1862, in-8. — C'est une nouvelle version de *l'Échange.* Elle a été reproduite dans la présente édition, tome VI⁰ du *Théâtre,* pp. 539-572.

13. LA MORT DE CÉSAR. Tragédie de M. de Voltaire, etc. Première édition (*sic*). *Amsterdam, s. n.* 1735, in-8 de 50 pp. — *Amsterdam, s. n.* 1736, in-8 de 40 pp.

Éditions furtives, données sans la participation de l'auteur.

LA MÊME TRAGÉDIE : Imprimée à *Londres, chez Innis,* et se vend à *Paris,* chez *J.-B.-Cl. Bauche.* 1736, in-8 de 13 ff. prélim. et 72 pp. Nouvelle édition, revue, corrigée et augmentée par l'auteur. Avec un Avertissement (de La Mare) et une Lettre à ce sujet. (La lettre de M. N. (Algarotti) à M. N. (l'abbé Franchini) est suivie d'une lettre de M. L. à M. D, sur la tragédie de Voltaire).—*S. l. s. n. et sans date.* In-12 de 72 pp. — *Amsterdam, J. Desbordes* (ou *Ét. Ledet et Cⁱᵉ*). 1736, in-8 de 8 ff. prélim. et 70 pp.; avec l'*Épître sur la Calomnie.* Seconde édition, revue, etc. — *Ibid., id.,* in-8 de 61 pp. (*La Mort de César* seule).— *Paris, Duchesne.* 1763, in-12. — *Paris.* 1767, in-8. — *Amsterdam,* 1777, in-8. — *Paris, Jacob, Sion et Webert.* An II. — *Paris, Chambon.* 1794, in-8. — *Commune affranchie (Lyon),* L. Cutty. L'an second de la République.—*Paris, Fages.* 1811, in-8. — *Paris, l'aimparré et Veret.* 1822, in-18. — *Paris, Lacourrière.* 1822, in-18.—*Paris, Bezou.* 1825, in-8. *Paris, Desauges.* 1826, in-32. — *Paris, Marchant.* 1839, in-8. — (Voyez aussi *Mahomet.*)

14. ALZIRE OU LES AMÉRICAINS. Tragédie de M. de Voltaire représentée pour la première fois à Paris, le 27 janvier 1736. *Paris, J.-B.-Cl. Bauche.* 1736, in-8 de 11 ff. prélim., 79 pp. et 1 p. non chiff. pour l'approbation.

Avec une *Épître à madame du Châtelet* (tous les exemplaires n'ont pas cette *Épître*) et un *Discours préliminaire,* dont plusieurs passages se retrouvent dans un *Discours de M. de Voltaire en réponse aux invectives et outrages de ses détracteurs*, etc., imprimé dans les *Pièces inédites*, etc. *Paris*. 1820, pp. 115 *et sq.*

LA MÊME TRAGÉDIE : *Paris, J.-B.-Cl. Bauche (de l'imprimerie de Joseph Bullot)*. 1736, in-8 de 1 f. de titre, 4 ff. non chiff. pour l'*Épître à madame du Châtelet*, 7 pp. (I à VII) pour le *Discours préliminaire*, 1 p. non chiff. pour les *Personnages* et 80 pp. — *Amsterdam, J. Desbordes* (ou *Ét. Ledet et Cᵉ*). 1736, in-8. (Avec un *Avis du libraire*, dans lequel il est question de plusieurs éditions d'*Alzire*, contrefaites à *Bruxelles* et à *Strasbourg*). — *Amsterdam. Aux dépens de la Cᵉ*. 1736, in-8 ¹. — *Vienne* (Autriche), *J. P. van Ghelen*. 1752, in-8. — *S. l. et s. n.* 1770, in-8. — *Amsterdam, la compagnie des libraires*. 1782, in-8. — *Paris, Fages*. 1814, in-8. — *Paris, Barba*. 1819, in-8. — *Paris, Delalain*. 1845, in-18 (avec des notes par Paul Longueville). — *Paris, Hachette*. 1849, in-8 (avec des notes par Geruzez). — *Londres*. 1875, in-8.

15. L'ENFANT PRODIGUE. Comédie en vers dissillabes (*sic*), représentée sur le théâtre de la Comédie-Française le 10 octobre 1736. *Paris, Prault fils*. 1738 (1737), in-8 de 4 ff. non chiff. pour le titre, la *Préface de l'éditeur* (cette *Préface* est de Voltaire) et les noms des *Acteurs*; 104 pp. et 1 p. non chiff. pour l'approbation et le privilége.

LA MÊME COMÉDIE: Corrigée de nouveau par l'auteur. *Amsterdam, Ét. Ledet et Cᵉ*. 1738, in-8, 1 fig. — *Vienne* (Autriche), *Ghelen*. 1752 et 1760, in-8. — *Avignon, Louis Chambeau*. 1761, in-8. — *Paris, Didot l'aîné*. 1772, in-8. — *Ibid., veuve Duchesne*. 1773, in-12. (Ces deux dernières éditions sont conformes à la représentation.)

16. L'ENVIEUX, comédie en trois actes et en vers par Voltaire. Imprimée pour la première fois. *Paris, Didot frères*. 1834, in-8 de 67 pp. et 1 p. non chiff. pour les *Notes*.

Tiré à 21 exemplaires.
L'Envieux n'a jamais été représenté.

17. ZULIME, tragédie en cinq actes par M. de Voltaire, représentée par les comédiens français ordinaires du roi. *Genève, s. n.* 1761, in-8 de 2 ff. lim. et 71 pp. — *Ibid., s. n.*, in-8 de 55 pp. — *Paris, Duchesne*. 1763, in-8 de 52 pp.

Premières éditions données sans la participation de l'auteur.
La première édition authentique de *Zulime* est de 1763 (dans le tome Xᵉ (Vᵉ des *Ouvrages dramatiques*) de lr. *Collection complète des œuvres de M. de Voltaire, seconde partie*). — Avec une *Épître à Mˡˡᵉ Clairon*.

LA MÊME TRAGÉDIE: *Paris*. 1764, in-8. — *Dresde, George Conr. Walther*. 1770, in-8.

1. Le catalogue des livres de M. Paulin Paris (*Paris, Techener*, 1881), porte l'indication d'une édition de 1736 avec l'adresse d'*Amsterdam, J. Ryckhof fils*, 2 part. pet. in-8 (avec la parodie de MM. Romagnesi et Riccoboni). — L'exemplaire de M. P. Paris appartient aujourd'hui à la Bibliothèque nationale.

18. Mahomet, tragédie par Mr de Voltaire, représentée sur le théâtre de la Comédie-Française le 9 août 1742. *Bruxelles.* 1742, in-8 de 77 pp. — *Ibid.*, in-8 de 72 pp. — *Ibid.*, in-8 de 1 f. de titre, 71 pp. et 1 p. non chiff. pour l'errata. — *S. l.* et *s. n.* 1742, in-8 de 1 f. de titre et 34 (lisez 90) pp. — *S. l.* et *s. n.* 1742, in-8 de 1 f. de titre et 89 pp.

Premières éditions données sans la participation de l'auteur.

Le Fanatisme ou Mahomet le prophète, tragédie par M. de Voltaire. *Amsterdam, Ét. Ledet et Cie* (ou *J. Desbordes*). 1743, in-8 de 12 ff. non chiff. et 112 pp., 1 fig.

Avec un *Avis de l'éditeur*, signé P. D. L. M. (P. de La Mare); cet *Avis* est de Voltaire; — une lettre de Voltaire au roi de Prusse, datée de Rotterdam, 20 janvier 1742 (lisez décembre 1740); — et une lettre de Voltaire à M. de S*** (S'Gravesande) du 1er juin 1741. — C'est la première édition authentique de *Mahomet*. (Voyez le *Mercure* d'avril 1743, p. 721.)

La même tragédie : *Berlin, s. n.* 1751, in-8. (Avec la *Lettre au roi de Prusse*, la *Lettre de Voltaire au pape Benoît XIV*, la *Lettre de Benoît XIV à Voltaire*, la *Lettre de remerciement de Voltaire au pape* (en italien); — à la suite de *Mahomet*, on trouve le morceau intitulé : *De l'Alcoran et de Mahomet*. — *Bruxelles.* 1752, in-8. — *Amsterdam, Ét. Ledet et Cie.* 1753, in-8. (Ces deux dernières éditions sont des éditions de 1742 et de 1743, pour lesquelles on a fait de nouveaux titres.) — *S. l.* et *s. n.* 1773, in-8. — *Paris,* 1778, in-8. — *S. n.* 1780, in-8. — *Paris, les libraires-éditeurs,* 1788, in-8. — *Paris, Barba et Hubert.* 1817, in-8. (Édition conforme à la représentation). — *Paris, Dondey-Dupré père et fils.* 1825, in-8 (*Avec un Commentaire historique et critique par Jean Humbert*). — *Paris, Berquet.* 1826, in-32. — *Paris, Sanson.* 1826, in-32. — *Paris, Desauges, Baudouin frères et Ponthieu.* 1826, in-32. — *Avignon, Raymond-Lapierre,* 1820, in-8. — *Paris, Marchant.* 1839, in-8. — *Berlin, Schlesinger.* 1810, gr. in-8. — *Paris.* 1878, in-32. (Avec *la Mort de César*, t. 220e de la *Bibliothèque nationale*.)

19. La Mérope française avec quelques petites pièces de littérature. *Paris, Prault fils.* 1744 (*de l'imprimerie de Joseph Saugrain*), in-8 de 2 ff. non chiff., 12 ff. paginés 1 à xxiv, 1 f. non chiff. et 115 pp. 1 fleuron sur le titre, 1 portrait de Voltaire d'après de Latour et 2 fig.

Les *Pièces fugitives de littérature* sont : 1° la *Lettre sur l'esprit*; 2° les *Nouvelles Considérations sur l'histoire*.—A la suite de ces *Pièces* on trouve, dans la plupart des exemplaires, la *Lettre à M. Norberg*, etc. *Londres.* 1744, in-8 de 16 pp.

La même tragédie : Par M. Arrouet (*sic*) de Voltaire. *Paris, Prault fils.* 1744, in-8 de xviii et 43 pp. pour *Mérope*, plus 21 pp. (pag. 1 à 21) pour la *Lettre sur l'esprit*, les *Nouvelles Considérations sur l'histoire*, et la *Lettre à M. Norberg* (contrefaçon de l'édition précédente). — *Paris, Prault fils* 1744, in-8 de 2 ff. prélim., xx et 80 pp. — *Amsterdam, Ét. Ledet et Cie.* 1744, in-8, 1 fig. — *Paris, Prault fils.* 1745, in-8. — *La Haye, Aux dépens des associés.* 1750, in-8. — *Paris, Prault fils.* 1758, in-8. — *Paris, les libraires associés.* 1788, in-8. — *Paris, Fages.* 1814, in-8. — *Paris, Barba.* 1823, in-8. — *Paris, Delalain.* 1825, in-18. *Paris, Béchet aîné.* 1826, in-32. — *Paris et Strasbourg, Levrault.* 1828, in-18. — *Paris, Baudouin frères.* 1828, in-8. — *S. n.* de libraire (imprimerie de Joly à Dôle). 1820, in-18. — *Paris, Marchant.* 1810, in-8. — *Berlin, Schlesinger.* 1842, gr. in-8. — *Paris, Hachette*. 1811 et 1850, in-18.— *Paris, Dezobry, É.Magdeleine et Cie*. 1815, in-18.— *Paris, Hachette*. 1819, in-18 (édition annotée par M. Geruzez). — *Paris, Lecoffre*. 1853, in-18. (Avec des Notes et des Commentaires.) — *Paris, Dezobry et Magdeleine*. 1855, in-18. (Avec la préface de l'auteur, les variantes, etc.) — *Paris, Lecoffre et Cie*. 1863 et 1874, in-18. — *Paris, Jules Delalain et fils*. 1868, in-18. — *Ibid., id*. 1869 in-12 (Édition classique annotée par M. Lebobe).— *Ibid., id*. 1869 et 1875, in-18. — *Londres et Paris*. 1872, in-8. — *Bielefeld*. 1871, in-16. — *Paris et Lyon, Lecoffre*. 1879, in-18. (Voyez aussi *Zaïre.*)

20. FRAGMENT DE THÉRÈSE. *S. l. et s. n. (Paris, Lefèvre et Didot, 1830)*, in-8 de 16 pp.

Extrait du tome V de l'édition Beuchot (*Lefèvre et Didot*).

21. LA PRINCESSE DE NAVARRE, comédie-ballet. Fête donnée par le Roy en son château de Versailles, le mardi 23 février 1745. *De l'imprimerie de Ballard fils, s. l. (1745)*, in-8 de XVI et 106 pp. Frontispice de Baudouin.

Réimprimée en 1768, dans le tome Ve des *Nouveaux Mélanges*, etc.

22. LE TEMPLE DE LA GLOIRE, fête donnée à Versailles, le 27 novembre 1745. *De l'imprimerie de J.-B.-C. Ballard*. 1745, in-4 de VIII et 48 pp. Figures, vignettes, culs-de-lampe et lettres de Baudouin, grav. par Pasquier.

Réimprimé dans le tome Ve des *Nouveaux Mélanges*, etc.

23. LA PRUDE OU LA GARDEUSE DE CASSETTE, comédie en cinq actes, en vers de dix syllabes par Mr Arouet de Voltaire. *Paris. Aux dépens de la Compagnie des libraires*. 1759. in-8 de 82 pp. — *Paris, Duchesne*. 1763, in-12.

Imprimée, dès 1748, dans le tome VIII de l'édition de Dresde, pp. 129-164.

24. LA TRAGÉDIE DE SÉMIRAMIS ET QUELQUES AUTRES PIÈCES DE LITTÉRATURE. *Paris, Le Mercier et Lambert*. 1749, in-12 de 1 f. de titre, 182 pp. et 1 f. non chiff. Fleuron sur le frontispice.

Précédée d'une *Dissertation sur la tragédie ancienne et moderne*, etc., et suivie : 1° de l'*Éloge funèbre des officiers qui sont morts dans la guerre de 1741* ; 2° *Des Mensonges imprimés*.

LA MÊME TRAGÉDIE : *Paris, Le Mercier et Lambert*. 1749, in-16 de 143 pp. (Première édition avec le nom de l'auteur). — *La Haye, s. n.* 1749, in-8. — *Amsterdam, Ét. Ledet et Cie*. 1750, in-8. — *Paris, Le Mercier et Lambert*. 1751, in-8. — *Paris, Duchesne*. 1763, in-12. — *S. l. et s. n.* 1773, in-8. — *Paris, Le Mercier*. 1773, in-8. — *Paris, Delalain*. 1785, in-8. — *Paris, Fages*. 1811, in-8. — *Paris, Barba*. 1818, in-8.

25. LA FEMME QUI A RAISON, comédie en trois actes, en vers, par M. de Voltaire, donnée sur le théâtre de Carouge (*sic*), près Genève, en 1758.

Genève, s. n. (Paris, Lambert). 1759, in-12 de 71 pp. — *Amsterdam, Ét. Ledet et Cte.* 1760, in-8. — *Dresde, Walther.* 1770, in-8.

> Réimprimée en 1765 dans le tome IIIe des *Nouveaux Mélanges, etc.*

26. NANINE, comédie en trois actes, en vers de dix syllabes, donnée par l'auteur. *Paris, Le Mercier et Lambert.* 1749, in-12 de XVI, 1 f. non chiff., 92 pp. et 1 f. non chiff.

> LA MÊME COMÉDIE: *Paris, la compagnie des libraires associés.* 1749, in-12 (édition désavouée par Voltaire). — *Paris, Le Mercier et Lambert.* 1749, in-8 de IX et 58 pp. — *Amsterdam, Ét. Ledet et Cte.* 1750, in-8. — *Paris, Duchesne.* 1763 et 1776, in-12. — *Avignon, L. Chambeau.* 1765, in-8. — *Copenhague, Cl. Philibert.* 1767, in-8. — *Besançon, Fantet.* 1769, in-8. — *Paris, Barba.* An V et 1819, in-8.

27. ORESTE, tragédie. *Paris, Le Mercier et Lambert.* 1750, in-8 de 3 ff. prélim, XXI pp. et 1 p. non chiff., 212 pp. et 1 f. non chiff.

> *Oreste* est suivi de *Samson*, tragédie lyrique (pp. 105 à 156), des chapitres II et III des *Mensonges imprimés* et d'une lettre de Voltaire au maréchal de Schulembourg.

> LA MÊME TRAGÉDIE : *Amsterdam, Ét. Ledet et Cte.* 1750, in-8. — *S. n. et s. l.* 1773, in-8.

28. ROME SAUVÉE, tragédie de M. de Voltaire. *Berlin, Ét. de Bourdeaux.* 1752, in-12 de 1 f. de titre et 106 pp.

> L'édition authentique de *Catilina ou Rome sauvée* fait partie du volume intitulé *Supplément au Siècle de Louis XIV,* etc. *Dresde, George Conrad Walther.* 1753, pet. in-8 de 8 ff. prélim. et 184 pp.

> LA MÊME TRAGÉDIE: *Paris, M. Lambert.* 1753 et 1755, in-8. — *Dresde et Genève Ant. Philibert.* 1753, in-8. — *Amsterdam, Charles Warlelthius.* 1755, in-12. — *Paris, s. n.* 1791, in-8.

29. L'ORPHELIN DE LA CHINE, tragédie représentée pour la première fois à Paris, le 20 août 1755. *Paris, Michel Lambert.* 1755, in-12 de XI pp. 1 p. non chiff. (pour les *Personnages*) et 72 pp.

> Précédé d'une *Épître à Mgr le maréchal duc de Richelieu* et suivi d'une lettre (de Voltaire) à M. J. J. R. C. D. G. (Jean-Jacques Rousseau, citoyen de Genève).

> LA MÊME TRAGÉDIE : *S. l. s. n. et s. d.* (Genève, Cramer, 1755). In-8 de X pp. 1 f. non chiff. (pour le faux titre et les *Personnages*), 85 pp. et 1 f. non chiff. pour les « Changements faits à la tragédie de *l'Orphelin de la Chine* pendant le cours des représentations ». — *Amsterdam, Ét. Ledet.* 1755, in-8 de IX et 102 pp. ou de XII, 1 f. non chiff. et 82 pp. — *Paris, Duchesne.* 1764, in-12. — *S. l. et s. n.* 1773, in-8. — *Paris, Duchesne.* 1811, in-12.

30. SOCRATE, ouvrage dramatique traduit de l'anglais de feu M. Tompson. *Amsterdam (Paris), s. n.* 1759, in-12 de 107 pp.

> Avec la *Préface* de M. Fatema, traducteur : cette préface est antidatée.

— Il existe de cette édition une contrefaçon, également in-12 de 107 pp. (*Amsterdam*, 1759).

Réimprimé en 1761 dans le volume intitulé *Seconde Suite des Mélanges de littérature, d'histoire et de philosophie*. S. l. (Genève) in-8.

31. LE CAFFÉ (*sic*) OU L'ÉCOSSAISE, comédie par M. Hume, traduite en français. *Londres (Genève), s. n.* 1760, in-12 de XII et 204 pp.

LA MÊME COMÉDIE : Par M. de Voltaire. *Londres.* 1760, in-12 de XI pp., 1 p. non chiff. (pour les noms des *Acteurs*) et 117 pp. Première édition avec le nom de l'auteur. — Comédie en cinq actes par Mr Hume, traduite en français par M. de Voltaire ; nouvelle édition à laquelle on a joint par supplément les corrections et augmentations faites aux représentations. *Genève, frères Cramer.* 1760, in-12 de 0 ff. prélim., et 108 pp. — *Amsterdam (Paris) s. n.* 1760, in-12 de 6 ff. prélim., et 108 pp. — *Londres.* 1760, petit in-8 de XI et 100 pp. — *Londres.* 1760, in-8 de VI et 66 pp. — *Londres.* 1760. in-8 de 64 pp. — *Vienne (Autriche), Ghelen.* 1760, in-12.— *Londres (Genève).* 1761, in-8. Portrait médaillon de Voltaire sur le titre. — *S. l.* (Genève, 1761), in-8. (Cette réimpression fait partie du volume intitulé *Seconde Suite des Mélanges de littérature*, etc. Avec une *Épître dédicatoire du traducteur de l'Écossaise à M. le comte de Lauraguais; la Requête à MM. les Parisiens; un Avertissement* et la *Préface* de la première édition). — *Genève, frères Cramer.* 1763, in-12. — *Besançon, Fantet.* 1765, in-8. — *Paris, veuve Duchesne.* 1788, in-12.

32. TANCRÈDE, tragédie en vers croisés et en cinq actes, représentée par les comédiens français ordinaires du roi, le 3 septembre 1760. *Paris, Prault petit-fils,* 1761[1], in-8 de 6 ff. prélim. et 80 pp. Portrait de Voltaire et 2 fig.

Avec une *Épître à madame la marquise de Pompadour.*
Voltaire a désavoué cette édition.

LA MÊME TRAGÉDIE : *S. l. s. n.* et *s. d.* (Genève, frères Cramer, 1761). In-8 de 0 ff. non chiff. et 110 pp., 1 fig. (de Gravelot).

L'Épître à madame de Pompadour a subi, dans cette édition, quelques remaniements. *Tancrède* est suivi d'une lettre de Voltaire à M. le marquis Albergati Capacelli (pp. 93-110).

LA MÊME TRAGÉDIE : *Genève, les frères Cramer.* 1761, in-8 de IX pp., 1. p. non chiff. (pour les noms des *Acteurs*), et 98 pp., 1 fig.

Contrefaçon de l'édition précédente, avec une contrefaçon de la gravure.

LA MÊME TRAGÉDIE : *Genève,* 1761, in-8 de 8 pp., 1 p. non chiff. et 90 pp. — *Paris, Duchesne.* 1763, in-12. — *Paris, la Compagnie des libraires.* 1769, in-8. — *S. n.* et *s. l.* 1773, in-8. — *Paris, Fages.* An X, in-8. — *Paris, Fages.* 1814. in-8. — *Paris, Barba et Hubert.* 1817, in-8. — *Paris, Bezou.* 1825, in-8. — *Leipzig, Günther.* 1870, in-8. — *Paris, Michel Lévy frères.* 1875, in-8.

1. Le catalogue des livres de M. Paulin Paris (*Paris, Techener,* 1881) porte l'indication d'une édition de *Tancrède* avec le millésime 1760 (*Paris,* in-8 de 73 pp.).

33. SAÜL, tragédie tirée de l'Écriture sainte par M. de V... *S. l. et s. n.* 1755, in-8 de 48 pp. — *S. l. et s. n.* 1758, in-8 de 46 pp.

Éditions antidatées : *Saül* ne parut qu'en 1763 [1].

LE MÊME OUVRAGE: Par M. de Voltaire. *Genève, s. n.* 1763, in-8 de 61 pp.— *Genève, s. n.* 1764, in-12 de 59 pp. — *S. l. s. n. et s. d.* (*Nancy, J.-B.-H. Leclerc,* 1764), in-8 de 57 pp. (Le titre porte : *Saül, hyperdrame héroï-comique en cinq actes par M. de V.*) — *London* (sic), *Pierre Marteau.* 1767, in-8. — *S. l. s. n. et s. d.* (1768), in-8.— *S. l. s. n. et s. d.* (1774), in-8.— *S. l. s. n. et s. d.* (*Genève,* 1775), in-8. (Édition encadrée.)

Réimprimé dans l'*Évangile de la raison* (*s. l.* et *s. n.* 1765, in-8, pp. 201-254), sous le titre de : *Saül et David, hyperdrame. D'après l'anglais intitulé : The man after God's own heart,* etc.

Cf la réimpression de l'*Évangile de la raison,* de 1768, *s. l.,* in-24, et le tome V des *Nouveaux Mélanges,* etc.

Dans ce dernier recueil, *Saül* est intitulé *Drame traduit de l'anglais de M. Hut.*

L'édition séparée de 1768 (*s. l. n. d.*) et l'édition de 1774 ont paru à la suite d'une traduction de l'ouvrage anglais de Peter Annett : *David, ou l'histoire de l'homme selon le cœur de Dieu.* Cette traduction est du baron d'Holbach.

34. LE DROIT DU SEIGNEUR, comédie en vers par M. de Voltaire. Représentée pour la première fois sous le titre de *l'Écueil du Sage,* par les comédiens français ordinaires du roi, le 18 janvier 1762. *Genève, les frères associés,* 1763, in-8 de 119 pp. — *Dresde, Walther.* 1770, in-8.

Le catalogue de Soleinne cite, du *Droit du seigneur,* une édition *s. n.* et *s. d.,* in-12 de 78 pp., et Quérard une édition avec l'adresse de *Genève* et *Paris, Duchesne.* 1763, in-8 et in-12.

L'ÉCUEIL DU SAGE, comédie de M. de Voltaire, réduite à trois actes pour le service de la cour de Vienne, par M. Delaribadière. *Vienne, en Autriche, Dans* (sic) *l'imprimerie de Ghelen.* 1764, in-8 de 72 pp.

C'est *le Droit du seigneur,* réduit en trois actes.

35. OLIMPIE, tragédie nouvelle de M. de Voltaire, suivie de Remarques historiques. *Francfort et Leipsic.* 1763, in-8 de VI (pour le titre et l'*Avis de l'éditeur*) et 136 pp [2].

Édition publiée par Colini.

LA MÊME TRAGÉDIE: *Francfort et Leipsic.* 1763, in-8 de VI, 1 f. non chiff. et 119 pp. — *Ibid.* 1763, in-8 de 98 pp. et XVI pp. — *Genève.* 1763, in-8 de V pp., 1 p. non chiff. et 134 pp. — *Francfort et Leipsick* (de l'imprimerie de Knoch et Esslinger). 1763, in-12 de 91 et XVI pp. — *Paris, Duchesne.* 1764, in-12 de 108 pp. — *Paris, Lejay.* 1771, in-8. — *Paris, veuve Duchesne.* 1774, in-8 de 74 pp. — *Bruxelles et Lyon.* 1774, in-8. — *S. n. et s. l.* 1774, in-8.

1. Lowndes cite une édition de *Londres,* avec le millésime 1760, in-8.
2. Kayser cite une édition d'*Olympie,* avec l'adresse de Schäfer, à Francfort, 1763, gr. in-8.

36. Octave et le jeune Pompée ou le Triumvirat, avec des Remarques sur les proscriptions. *Amsterdam et Paris, Lacombe,* 1767 (1766), in-8 de 1 f. de titre, VIII et 180 pp.

> Le *Triumvirat* est suivi de *Notes* (de Voltaire), d'un morceau intitulé *Du gouvernement et de la divinité d'Auguste* et d'un second morceau intitulé *Des conspirations contre les peuples ou des proscriptions.*
> Réimprimé en 1767, dans le tome IV° des *Nouveaux Mélanges,* etc.

37. Les Scythes, tragédie. Par M⁰ de Voltaire. Nouvelle édition, corrigée et augmentée sur celle de Genève. *Paris, Lacombe.* 1767, in-8 de XIV, 1 f. non chiff. et 78 pp.

> Avec une *Épître dédicatoire* et une *Préface* (de Voltaire). A la suite des *Scythes* se trouve l'*Avis au lecteur,* dans lequel Voltaire déclare que « *la plupart de ses tragédies, imprimées à Paris, chez Duchesne, au Temple du goût, en 1764, ne sont point du tout conformes à l'original.* »

> La même tragédie: Lyon, frères Périsse. 1767, in-8.

> Avec l'*Épître dédicatoire,* la *Préface,* et une *Préface des éditeurs de Lyon ;* cette *Préface,* qui est aussi l'œuvre de Voltaire, est intitulée, dans l'édition in-4 des *OEuvres* (tome V°, daté de 1768) : *Préface des éditeurs qui nous ont précédé immédiatement.*

> La même tragédie: *Bordeaux, Jean Chappuis.* 1767, in-8. (*Troisième édition avec de nouveaux changements qui ont été envoyés par l'auteur à la direction de Bordeaux,* etc., etc.)

> La même tragédie : *S. l.* 1767, in-8. — *Paris, Lacombe.* 1768, in-8.

> Dans la *Préface des éditeurs de Lyon,* Voltaire parle de trois autres éditions des *Scythes :* 1° une édition qu'il appelle *la première édition de Genève;* 2° une édition publiée à Genève par Pierre Pellet; 3° une édition de Hollande. Kayser cite une édition avec l'adresse de *Walther* à *Dresde. S. d.* (1770?), in-8.
> *Les Scythes* furent aussi réimprimés en 1767, dans le tome IV° des *Nouveaux Mélanges,* etc., etc.

38. Charlot ou la comtesse de Givri. Pièce dramatique représentée sur le théâtre de F*** (Ferney), au mois de septembre 1767. *Genève et Paris, Merlin,* ou *Paris, Merlin.* 1767, in-8 de 1 f. non chiff. et 69 pp.

> Le catalogue de Soleinne (t. II, n° 1680) cite une édition avec la même adresse et le même millésime, in-8 de 91 pp. ; Kayser, une édition de 1770 *Dresde, Walther,* in-8, et Quérard une réimpression de 1771, in-8.
> *Charlot* a été réimprimé en 1768, dans le tome V° des *Nouveaux Mélanges,* etc.

39. Le Dépositaire, comédie en vers et en cinq actes par M. de Voltaire. *Genève et Paris, Valade.* 1772, in-8 de 91 pp. — *Lausanne, François Grasset et comp.* 1772, in-8 de 1 f. et 116 pp. (Première édition donnée par l'auteur : elle contient une *Préface,* qui est l'œuvre de Voltaire.)

> Réimprimé en 1772, dans le tome XII° des *Nouveaux Mélanges,* etc.

40. Les Guèbres ou la Tolérance. Tragédie par M. D*** M***. *S. l.* (*Genève*). 1769, in-8 de 116 pp.

> Avec une *Préface de l'éditeur* (l'éditeur est Voltaire lui-même) et une *Épître dédicatoire à M. de Voltaire.* (Cette *Épître* qui est de Voltaire est signée : *Gabriel Grasset et associés.*) Les initiales D*** M*** qu'on lit sur le frontispice désignent Desmahis.
> Réimprimés en 1769, dans le tome VIII des *Nouveaux Mélanges*, etc.

> La même tragédie : *S. l.* (Paris). 1769, in-8. — *Roterdam* (*sic*), *Reinier Leers* (*Genève, frères Cramer*). 1769, in-8 de 2 ff. non chiff. et 104 pp. (Édition encadrée : elle contient un *Discours historique et critique à l'occasion de la tragédie des Guèbres.*) — Genève. 1769, in-8. — *Dresde, Walther.* 1770, in-8. — *Rotterdam.* 1770, in-8. — *Paris, Ruault.* 1777, in-8.

41. Sophonisbe, tragédie de Mairet, réparée à neuf. *Paris, veuve Duchesne.* 1770, in-8 de xii, 59 pp., plus 1 f. d'*Errata.* Première édition. — *S. l.* (*Genève*). 1770, in-8. (Nouvelle édition « *corrigée et augmentée* ». — *S. l.* 1773, in-8.

> Réimprimée aussi dans le tome Xe des *Nouveaux Mélanges*, etc. L'édition *s. l.* avec le millésime 1770, fait partie du tome III des *Choses utiles et agréables.*

42. Le Pélopides ou Atrée et Thieste, tragédie par M. de Voltaire. *Genève et Paris, Valade, ou Paris, Valade.* 1772, in-8 de 64 pp. et 1 f. non chiff. pour l'approbation. — *Genève et Toulon, J.-R. Mallard.* 1772, in-8.

> Les *Pélopides* parurent pour la première fois dans le tome III du *Théâtre complet de M. de Voltaire,* etc. *Lausanne, François Grasset et comp.* 1772 (pp. 219-290). Ils ont été réimprimés en 1772 dans le tome XIIe des *Nouveaux Mélanges*, etc...
> Les éditeurs de Kehl ont réimprimé *les Pélopides* d'après un manuscrit retrouvé dans les papiers de Voltaire; une autre version en a été donnée par Naigeon (*Théâtre de Voltaire,* édition stéréotype, *Paris, Didot.* An IX in-18, tome IXe).

43. Les loix de Minos ou Astérie, tragédie en cinq actes par M. de Voltaire. *Genève et Toulouse, Jean-Florent Baour.* 1772, in-8 de 47 pp.

La même tragédie : *Genève et Paris,* Valade. 1773, in-8 de 1 f. de titre, 64 pp., plus 1 p. non chiff. — *S. l.* (*Genève, Gabr. Cramer*). 1773, in-8 de 2 f. non chiff. xv, 395 pp. et 2 pp. paginées 1-2. (Première édition donnée par Voltaire, avec une *Épître dédicatoire* au duc de Richelieu, les *Notes* de M. de Morza (Voltaire) et plusieurs *pièces curieuses détachées*). — *S. l.* 1773, in-8 de xiii, 1 p. non chiff. et 82 pp. (Cette édition fait partie du tome Xe de l'*Évangile du jour*).— *Lausanne, François Grasset et C*ie. 1773, in-8. — Genève, *s. n.* 1773, in-8.

> Les *Lois de Minos* ont été aussi réimprimées dans le tome XIVe des *Nouveaux Mélanges*, etc.

44. Don Pèdre, roi de Castille, tragédie et autres pièces. *S. l.* (*Genève*) et *s. n.* 1775, in-8 de 148 pp.

Avec une *Epître dédicatoire à M. d'Alembert* et un *Discours historique et critique sur la tragédie de Don Pèdre* [1].

Les pièces qu'on trouve à la suite de *Don Pèdre* sont les suivantes :

1° *L'Éloge historique de la raison*, prononcé dans une académie de province par M. de Chambon ; — 2° *De l'Encyclopédie* ; — 3° *Dialogue de Pégase et du vieillard* ; — 4° *La Tactique.*

LA MÊME TRAGÉDIE : Londres. 1775, in-8 de 108 p. (Cette édition fait partie du tome XII° de l'*Évangile du jour*). — *Lausanne, François Grasset et comp.* 1775, in-8. — *S. l.* 1776, in-8.

Don Pèdre a été aussi réimprimé dans le tome XIX des *Nouveaux Mélanges*, etc.

45. IRÈNE, tragédie de M. de Voltaire, représentée pour la première fois le 16 mars 1778. *Paris S. n.* 1779, in-8 de 62 pp.

Voltaire avait prié l'Académie de vouloir bien agréer la dédicace d'*Irène*. Cette dédicace, intitulée par les éditeurs de Kehl « *Lettre de M. de Voltaire à l'Académie française* », a paru en tête d'une édition d'*Irène*, que Voltaire ne fit tirer qu'à quelques exemplaires pour ses confrères de l'Académie [2]. L'édition de 1779 n'a pas la *Lettre à l'Académie française.*

LA MÊME TRAGÉDIE : *Paris. S. n.* 1779. in-8 de 48 pp. (Portrait-médaillon de Voltaire sur le frontispice). — *Paris, Duchesne.* 1779, in-8. — *Lausanne, Pott.* 1779, in-8. — *Toulouse, Broulhiet.* 1784, in-8.

B. — ÉDITIONS COLLECTIVES DU THÉÂTRE DE VOLTAIRE.

46. LE THÉÂTRE DE M. DE VOLTAIRE. Nouvelle édition qui contient un recueil complet de toutes les pièces de théâtre que l'auteur a données jusqu'ici. *Amsterdam, François-Canut Richoff.* 1753, 4 vol. in-16.

Ibid., id. 1762, 4 vol. in-16. (Un cinquième volume parut en 1763.) — *Ibid. id.* 1768 et 1770, 6 vol. in-16, figg.

47. SUPPLÉMENT AUX ŒUVRES DRAMATIQUES DE VOLTAIRE. *Genève* et *Paris, Duchesne.* 1763, in-8 (Quérard, *Bibliogr. Volt.*, n° 457).

48. ŒUVRES DE THÉÂTRE DE M. DE VOLTAIRE. *Amsterdam* ou *Paris, Duchesne.* 1764, 5 vol. in-12. — Nouvelle édition revue et corrigée. *Paris; veuve Duchesne.* 1767, 6 vol. in-12.

49. THÉÂTRE COMPLET DE M. DE VOLTAIRE. Le tout revu et corrigé par l'auteur même. *Lausanne, François Grasset et comp.* 1772, 8 vol. in-8.

---

1. Les éditeurs de Kehl ont imprimé à la suite de ces deux morceaux un *Fragment d'un discours historique et critique sur Don Pèdre*, qui se trouvait, disent-ils, *imprimé à la suite de la tragédie de Don Pèdre*, dans les éditions précédentes. Ce *Fragment* est au tome X de l'édition de 1775 (*édition encadrée*), pp. 403-406.

2. Nous avons vainement cherché cette première édition d'*Irène* à la Bibliothèque nationale et à la Bibliothèque de l'Institut.

Cette édition du *Théâtre* forme les tomes XIV à XXI de la *Collection complète des OEuvres de Voltaire*, etc. *Lausanne, François Grasset*. 1770 et ann. suiv. Kayser cite une édition du *Théâtre complet* avec l'adresse de *Pott* (*Lausanne*. 1772-1770, in-8).

50. THÉÂTRE DE VOLTAIRE AUGMENTÉ DE DEUX PIÈCES QUI NE SE TROU-VENT PAS DANS LES ÉDITIONS PRÉCÉDENTES. *Londres*,1782 *(Cazin)*, 10 vol. in-18. Portr. et 33 fig.

51. LE MÊME, AUGMENTÉ DE PLUSIEURS PIÈCES QUI NE SE TROUVENT PAS DANS LES ÉDITIONS PRÉCÉDENTES. *Londres*,1782, et *Amsterdam, Wan Har-revelt*, 1782, 8 vol. in-18.

52. LE MÊME. *Caen, G. Leroy*. 1788, 9 vol. in-12.

Paris, Didot l'aîné. An IX (1801 et 1813), 12 vol. in-18 (édition stéréo-typo [1]). — *Paris, Gide et Nicolle*. 9 vol. in-18, in-12 et in-8. — *Paris, Bau-douin frères*. 1823-1829, 8 vol. in-8. — *Paris, Laplace, Sanchez et Cie*. 1873, gr. in-8 à 2 col. (Précédé d'une *Introduction* par M. Édouard Four-nier : 20 portraits en pied coloriés.)

C. — CHEFS-D'OEUVRE DRAMATIQUES ET THÉÂTRE CHOISI.

53. LES CHEFS-D'OEUVRE DRAMATIQUES DE M. DE VOLTAIRE. *Genève*. 1778, 3 vol. in-12.

Paris, veuve Duchesne. 1779, 3 vol. in-12, figg. — *Genève*. 1785, 3 vol. in-12. — *Rouen*. 1793, 4 vol. in-12 (d'après Quérard). — *Paris, H. Nicolle*. 1808, 4 vol. in-18, in-22 et in-8 (édit. stéréotypo d'Herhan, dont il a été fait des tirages en 1813, 1816, 1819, 1821 et 1830). — *Paris, Ménard et Raimond*. 1813, 4 vol. in-12. — *Paris, Bourgeois*. 1820-1821, 4 vol. in-8 et in-12 (Avec l'indication des change-ments adoptés par la Comédie-Française, des *Préfaces* et des *Notes* historiques et critiques, par M. Lepan). — *Paris, Touquet*. 1821, 3 vol. pet. in-12. — *Paris, Ménard et Desenne fils*, 1822, 4 vol. in-18, fig. — *Paris, Aillaud*. 1822, 5 vol. in-18. — *Paris, Saintin*. 1822, 4 vol. in-32, figg. — *Paris, Ladrange, Guibert, Lheureux, Verdière*. 1822-1823, 4 vol. in-18. — *Paris, de Bure*. 1821, 6 vol. in-32 (Portrait). — *Paris, veuve Dabo*. 1821, in-8. Portrait et fac-similé (Avec les obser-vations des anciens commentateurs et de nouvelles remarques, par MM. Ch. No-dier et Lepeintro. Le tome Ier seul a paru). — *Paris, Roux-Dufort et Froment*. 1825, 4 vol. in-48 (Classiques en miniature).— *Paris, Baudouin frères*. 1829, in-24. —*Paris, Hiard*, 1831-1832, 4 vol. in-18. — *Paris, Saintin et Thomine*. 1838, 4 vol. in-18. — *Limoges, Ardant, et Paris*. 1840 et 1847, 5 vol. in-18. — *Paris, veuve Desbleds*. 1847, gr. in-8.

54. THÉÂTRE CHOISI DE VOLTAIRE. *Paris, Fournier père et fils*, an XI (1803), 5 vol. in-32.

Paris, Sanson. 1823, 3 vol. in-18. — *Paris, Desoer, s. d.* 5 vol. in-32. —*Paris Treuttel et Wurtz*. 1831-1832, 7 vol. in-8. — *Paris, Didot*. 1842, in-12. Portrait

---

1. Kayser cite de l'édition stéréotype de 1801 une contrefaçon allemande (*Vienne, Ambru-ster*).

(souvent réimprimé). — *Paris, Hachette.* 1849, in-12 (Avec une notice biographique et des notes par M. Geruzez). — *Paris, Furne.* 1851, in-8. Portrait et figg. — *Paris, Garnier frères.* 1868, in-18 jésus. — *Paris, Delalain.* 1870, in-18 (édition classique avec une notice par F. Estienne). — *Paris, Michel Lévy frères.* 1875, in-18 jésus. — *Paris, Hachette et Cie.* 1870, in-12 (Avec une notice biographique et littéraire et des notes, par M. Geruzez).

55. CHOIX DE TRAGÉDIES DE VOLTAIRE, par Ventouillac. *Londres.* 1826 et 1837, 2 vol. in-18.

II. — POÉSIES.

A. — LA HENRIADE.

56. LA LIGUE OU HENRI LE GRAND. POÈME ÉPIQUE PAR M. DE VOLTAIRE. *Genève, Jean Mokpap (Rouen, Viret).* 1723, in-8 de VIII et 231 pp.

Thieriot fut l'éditeur de cette édition, qui fut faite à Rouen par le libraire Viret.

Il y a dans les neuf chants du poème quelques lacunes, qui sont remplies par des points ou par des étoiles (pp. 65, 90, 133).

Il existe de cette édition deux contrefaçons : *La Ligue,* etc., *Genève, Jean Mokpap.* 1723, in-8 de VIII et 216 pp. — *La Ligue,* etc. *Ibid., id.* 1724, in-8 de VIII et 168 pp.

LA LIGUE OU HENRY LE GRAND. Poème épique par Me de Voltaire. Avec des additions et un recueil de pièces diverses du même auteur. *Amsterdam, Jean-Frédéric Bernard (Évreux ou Rouen).* 1724, in-12 de VII et 196 pp.

Édition donnée par l'abbé Desfontaines, à Évreux, d'après Voltaire; à Rouen, d'après Michault (*Mélanges historiques,* etc. 1754, tome I, p. 159).

L'éditeur y ajouta des vers de sa façon (voyez p. 72); mais toutes les lacunes de l'édition de 1723 n'ont pas été remplies par Desfontaines. (Voy. pp. 46, 64.)

LA LIGUE OU HENRY LE GRAND. Poème épique, par M. Arrouet de Voltaire. *Amsterdam, Henri Desbordes.* 1724, in-12 de VIII, 170 pp. (pour *la Ligue*), 71 pp. (pour les *Remarques*) et 64 pp. pour les *Poésies diverses,* plus les tables.

LA HENRIADE DE M. DE VOLTAIRE. *Londres.* 1728, in-4 de 3 ff. prélim., pour le titre et la dédicace, 5 ff. paginés 1-10 pour la liste des souscripteurs et 202 pp. Frontispice, figures, fleurons, culs-de-lampe.

Le poème est en dix chants. La dédicace (en anglais) est adressée à la reine Élisabeth.

LE MÊME POÈME : *Londres.* 1728, in-4 de 1 f. de titre, 1 f. (pour la dédicace) et 190 pp.

Édition sans figures : 1 fleuron sur le frontispice.

Le même poème : *Londres, Woodman et Lyon*. 1728, in-8 de 4 ff. 287 pp. et XIII pp. pour les *Pensées sur la Henriade*.

Ces Pensées, attribuées à René de Bonneval, sont de Faget, réfugié français à Londres.

Le même poème : *La Haye, Gosse et Neaulme*. 1728, in-12 de 1 f. de titre et 262 pp. 1 fig.

Édition encadrée. Les *Pensées sur la Henriade* y sont reproduites sous le titre de *Critique de la Henriade*.

Le même poème : *Londres, Prévost et Coderc*. 1728, in-8. — *Zuric (sic), C. Orell et C*ⁱᵉ. 1728, in-8.

Le même poème : *La Haye, Gosse et J. Neaulme*. 1729, in-8 de 133 pp. et 1 p. non chiff.

La Henriade seule.

Le même poème : *Londres, Hiérôme Bold Truth, à la Vérité* (Paris). 1730, in-8 de XXVI et 319 pp.

Précédé de l'*Histoire abrégée des événements sur lesquels est fondée la fable du poème de la Henriade* et de l'*Idée de la Henriade*.

Le même poème : *Londres, Innis (Rouen, Jore)*. 1733, in-8 de 9 ff. et 317 pp., fig.

Suivi de l'*Essai sur la poésie épique* (pp. 251-317).

Le même poème : *Londres, Jacob Tonson*. 1734, in-8 de 10 ff., 245 pp., 99 pp. et 1 p. non chiff. (pour l'*Essai sur la poésie épique*).

Édition encadrée. Réimpression de l'édition de 1733.

Le même poème : *Londres*, 1737. In-8 de XXXI pp., 1 p. non chiff. et 364 pp. Portr. de Voltaire. — Frontispice de Boucher.

Avec une *Préface* de Linant et une *Lettre* d'Antonio Cocchi, lecteur de Pise, à M. Rinuccini, secrétaire d'État de Florence.

L'*Essai sur la poésie épique* est imprimé à la suite de *la Henriade*.

Le même poème : *Londres*. 1741, in-4 de XXIV et CXXII pp.

Édition donnée par Gandouin, libraire à Paris. Ce n'est pas une réimpression de *la Henriade*; l'éditeur n'a imprimé que « *des additions nécessaires à l'édition de 1728* » : arguments, notes, et variantes (ces dernières recueillies par Lenglet du Fresnoy).

En tête de l'édition sont placés un nouveau frontispice, un *Avertissement du libraire*, la *Préface* de Linant, la dédicace à la reine (en français), etc., etc.

Lowndes cite une édition de *Londres*, 1741. in-8.

Le même poème : *S. l. (Paris, Prault)*. 1746, 2 vol. in-12 de 1 f. de titre, XXIII et 447 pp. Une pagination pour les deux tomes. Titre gravé, 1 fleuron, 1 vignette.

Avec une *Préface* de Marmontel.

Le chant VIIᵉ a la note dite des *Damnés* (t. I, p. 138).

Le tome IIᵉ contient les *Variantes* et l'*Essai sur la poésie épique*.

Réimpr. en 1761, par *Duchesne*, 2 vol. in-12. Lowndes cite une édition de *Londres*, 1710, 2 vol. in-12.

Le même poème : *Amsterdam* (Rouen) *aux dépens de la Cie.* 1748, in-8.— *Londres* (*Rouen*). *Aux dépens de la Société.* 1750, 2 vol in-12, figg. (Réimpr. sous la rubrique d'*Amsterdam, Aux dépens de la Cie*, 1752, 2 vol. in-12, figg.). — *S. l.* (*Genève*), 1750, in-8. (Avec un *Avant-propos* de Frédéric, roi de Prusse, des *Notes* tirées de l'édition de 1741; etc., etc. Fait partie de l'édition des *OEuvres* que les frères Cramer publièrent en 1750. C'est le tome 1er de l'édition). — *Amsterdam, François L'Honoré.* 1761, 2 vol. in-8. Portr. et figg. (Réimpr. en 1779, à *Rouen*, chez *Pierre Machuel*, 2 vol. in-8). — *Henrichemont et Bidache* (*Toulouse*). 1769, i.-12. (Avec des remarques par La Beaumelle. Voltaire fit saisir l'édition.) — *La Haye, Pierre Gosse junior.* 1770, in-12. — *Paris*, Ve *Duchesne, Saillant, Desaint, Panckoucke et Nyon* (de l'imprimerie de *Barbou*). S. d. (1770), 2 vol. in-8. Frontispice, titre gravé avec portrait de Voltaire, 10 figg. et 10 vignettes d'Eisen. — *Amsterdam.* 1772, in-8, figg. — *Genève* (*Lille*). 1773, in-24. Fleuron sur le frontispice. — *Berlin et Paris, Le Jay.* 1775, in-4; ou 2 vol. in-8. Frontispice gravé, avec les portraits de Voltaire, de La Beaumelle, et de Fréron, par Saint-Aubin. (Il a été fait un nouveau tirage de l'édition in-4 en 1783, *Paris, Mérigot, Volland et Belin*). — *Genève.* 1776, in-24. Portr. de Henri IV. — *Genève.* 1777, in-24. — *Neufchâtel.* 1778, 2 parties in-8. — *Genève.* 1778 et 1779, in-18. Portrait de Henri IV. — *Berlin et Paris, Bastien.* 1780, in-12. (Le faux titre porte : *La Henriade vengée.* Cette édition a été donnée par M. Bidault.) — *Londres* (*Cazin*), 1781, in-18. Portr. de Henri IV. — *Londres et Paris, Moutard.* 1784, in-8. Portr. de Voltaire. (Avec des remarques par *Palissot.*) — *Liège, Bassompierre.* 1785, in-12. Portr. — *De l'Imprimerie de la Société littéraire et typographique* (*Kehl*). 1785, 2 vol. in-8, figg. — *Caen, Leroy; Paris, Delalain.* 1787, in-12. — *Paris, Veuve Duchesne et Deleau.* 1787, in-18. Frontisp. et figg.— *Mayence, Kupferberg.* 1788, gr. in-8. — *Paris, Barbou.* 1788, in-12.—Imprimé à *Ruien*, en *Livonie.* 1788-1789, 2 vol. in-8. — *S. l.* 1789, in-18. Portr. de Voltaire. — *Rouen*, 1789, 2 parties in-12, figg. — *De l'Imprimerie de la Société littéraire et typographique* (*Kehl*). Grand in-4. Pap. vélin. Figg. (Kayser signale des exemplaires de cette édition avec l'adresse de *Levrault*, à *Strasb....g*, et avec celle de *Thurneysen*. à *Cassel*).— *Paris, Didot fils l'aîné.* 1790, in-4. (Tiré à 250 exempl.) — *Toulouse, Sens.* 1791, in-12. — *Hambourg.* 1791, in-12.— *Paris, Didot l'aîné.* 1792, in-18. (Devait faire partie de la collection du Dauphin). — *Hambourg. Fauche.* 1795, in-12. — *Londres, Molini.* 1795, in-8. (Avec des notes, par *J. Sivrac.* Réimpr. en 1812).— *Paris.* 1797, in-12. — *Berlin.* 1799, in-8. (Avec des notes historiques, etc., par *Muchler.* 3e édition, 1805; 7e édit., 1825). — *Londres.* 1800, in-12. — *Paris, P. Didot aîné.* 1801, in-18 et sur gr. pap. vélin. In-12. Édition stéréotype. — *Paris, Fournier père et fils.* 1802, in-12. — *Toulouse, Devers,* an XI (1803), in-12. C'est l'édition de 1769, avec un nouveau frontispice et un *Avertissement.* — *Paris, Le Prieur.* 1804, 1807, 1808, 1813; *Paris, Le Dentu.* 1820, in-12. Frontisp. et figg. — *Paris, H. Nicolle.* 1805, in-18; in-12 et in-8. Édition stéréotype d'Herhan. — *Paris, Barbou.* 1806, in 12.— *Paris, Pigoreau.* 1809, in-18. — *Avignon, Aubanel.* 1809, in-18. Avec des notes, etc., par *M***(Sardy de Beaufort), ancien officier. Réimpr. en 1810 à Paris. — *Genève* (*Leipzig, Hinrichs*). 1811, in-12. — *Londres.* 1812, in-18. — *Lyon, Veuve Buynand.* 1812, in-18. (Réimpr. en 1818). — *La Flèche, de l'impr. de Voglet.* 1812, in-18. — *Paris, Robert.* 1813, in-18. — *Avignon. De l'impr. de Joly.* 1813, in-18. — *Paris, Caille et Ranvier.* 1813, in-18. Réimp. en 1815. — *Paris, Duponcet.* 1813, in-18. Édition classique, par un professeur de l'Académie de Paris (M. Naudet). — *Paris, P. Didot l'aîné.* 1814, in-8. — *Paris, Égron.* 1816, in-18.— *Paris, Vauquelin.* 1816, in-18.— *Paris, Garnery et Nicolle.* 1816, in-18. Édit. stéréotype d'Herhan.— *Paris, Didot.* 1816, in-36.— *Paris et Liège, Desoër.* 1817. in-8. — *Paris, Ménard et Desenne, ou Paris, Janet.* 1817, in-18.— *Paris, Dabo, Tremblet, Feret et Gayet.* 1819, in-18. — *Paris, P. Didot l'aîné.* 1810, 2 vol. in-16. De la collection dédiée à S. A. R. Madame la duchesse d'Angoulême. —*Paris. P. Didot* *l'aîné.* 1819, in-folio. Édition dédiée à S. A. R. Monsieur; tirée à 125 exemplaires, 1 exemplaire sur vélin. — *Lyon, Rolland.* 1819, in-18. — *Paris, Delalain.* 1820, in-18. — *Avignon, Offray.* 1821 et 1840, in-18. — *Strasbourg et Paris. Levrault,* 1822, in-18. — *Paris, P. Dupont* et *E. Dubois.* 1822-1827; et *Paris, E. Dubois.* 1825, in-folio. Dessins d'Horace Vernet. — *Paris, De Bure, d'Houry* et *Nepveu.* 1823, in-32. — *Paris, Ponthieu, Bossange, Pichard.* 1823, in-8. Avec des remarques, de Clément. Il y a eu un tirage in-12. — *Paris* (1823), *De l'impr. de F. Didot.* 1819, pet. in-folio. Figg. Avec des notes de Daunou. Tiré à 200 exempl.; 1 exempl. sur vélin. — *Paris, Lefèvre* et *Brière.* 1823, in-32. — *Paris, Bossange père.* 1823, in-8. Avec un commentaire classique, dédié à S. A. R. Msr le duc de Bordeaux, par M. Fontanier. — *Paris, Roux-Dufort* et *Froment.* 1824, in-18 (*Classiques en miniature*). — *Paris, Delalain.* 1824, in-18. Édition classique, par un ancien chef d'institution. — *Paris, Veuve Dabo.* 1824, in-18. — *Londres.* 1824, in-18. — *Leipzig.* 1824, in-8. (Édition classique, par J.-F. Sanguin). — *Paris, Janet.* 1825, in-18. — *Rheims. Frémon fils,* et *Paris, Renouard,* 1826, in-8. Édit. encadrée, réimprimée *suivant l'édition de* 1728, *avec des notes inédites de Voltaire et une critique de ce poème.* Les notes de Voltaire portent sur la critique de son poème, par Faget. Fac-similé. — *Paris, Sanson,* et *Paris, Lemoine.* 1826, in-32. — *Nantes* (De l'imprimerie de Mellinet-Malassis 1826), in-12. (Édition donnée par M. Besnier, prêtre-professeur). — *Hanovre.* 1827, in-8 (édit. classique, par Siemsen). — *Paris, Baudouin frères.* 1828, in-8. (Édition revue par M. Daunou.) — *Paris, Veuve Dabo.* 1828, in-18. — *Paris, Adolphe Rion.* 1829, in-18. (Réimpr. en 1835.) — *Avignon, Offray fils.* 1829, in-24. (Réimpr. en 1815 et 1846). — *Paris* (De l'imprimerie de Doyen). 1829, in-18. — *Paris* (De l'imprimerie de Marchand-Dubreuil). 1829, in-18. — *Paris, Grimprelle.* 1829, in-18. — *Paris, Lecointe.* 1830, in-18. Édition stéréotype de Didot. — *Londres.* 1832, in-24. — *Paris, Treuttel* et *Wurtz.* 1832, in-8. — *Leipzig, Engelmann.* 1833, gr. in-12. Édit. classique, par le Dr Schiebler. — *Paris, De Bure,* 1835 et 1836, in-32. — *Paris, De Bure.* 1835 et 1836, in-18. Figg. Édition collationnée sur les textes originaux (par M. Ravenel). — *Paris, Bouquin de la Souche.* 1836, in-8. — *Paris, Maire-Nyon,* 1836, in-8. (C'est l'édition de Lepan, rajeunie au moyen d'un nouveau frontispice). — *Leipzig, Fleischer.* 1837. gr. in-12. Édit. classique, donnée par Ed. Hoche, et réimprimée en 1851, 1858, 1860, etc. — *Paris, Hiard.* 1836, in-18. — *Paris* (De l'imprimerie de Comynet, à Avallon). In-18. (Réimpr. en 1838). — *Paris, Pougin.* 1837, in-18. — *Paris, Chrétien fils.* 1838, in-8. Frontispice et figg. Édition encadrée avec *Préface.* — *Paris, Locard-Davi.* 1838, gr. in-8. — *Paris, Yonet.* 1838, in-18. — *Stuttgard, Erhard.* 1840, in-16. — *Paris* (De l'impr. de Moquet). 1841, in-18. — *Paris, Didot.* 1841, in-12. Portr. (Souvent réimprimé). — *Paris, Picard fils.* 1845, in-24. — *Leipzig, Renger.* 1846, pet. in-8. (Édit. classique, par E.-J. Hauschild, plusieurs réimpressions). — *Paris, Gerdès.* 1850, in-18. — *Londres.* 1850, in-12 (avec notes, par Tarver). — *Paris, Borrani* et *Droz.* 1853, in-18. — *Paris Lebigre-Duquesne.* 1854, in-18. Portr. — *Édimbourg* (1856), in-18. Édit. donnée par M. Surenne. — *Leipzig, Tauchnitz.* 1859, in-16. (*La France classique.*) — *Paris, Garnier frères,* 1873, 1877, in-18. (*La Henriade et le Poème de Fontenoy* [1]).

---

1. Des *Morceaux choisis de la Henriade, etc...,* à l'usage des *collèges et maisons d'éducation* ont été publiés en 1827 (*Marseille, Masvert,* in-18).

B. — LA PUCELLE.

57. LA PUCELLE D'ORLÉANS. *Poëme héroï-comique. Première édition (sic). Paris.* 1755, pet. in-12 de 2 ff. non chiff. (pour le titre et une épître de l'imprimeur *à M. le Poète*) et 216 pp.

Sur le frontispice se lit l'épigraphe suivante :

Desinit in piscem, mulier formosa superne.

(Hor.)

Cette édition est en XIV chants[1] ; le XIV⁰ chant est suivi de l'*Épilogue* :

C'est par ces vers, enfants de mon loisir...

Etc. . . . . etc. . . . . . etc. . . . . .

qui est imprimé au tome XIV⁰ de la présente édition, p. 319.

LA PUCELLE D'ORLÉANS. *Poëme divisé en quinze livres, par Monsieur de V****, *Louvain.* 1755, in-8, de 2 ff. prélim. et 161 pp.; ou in-12 de 2 ff. prélim. et 161 pp.

L'une de ces deux éditions est l'édition *princeps* de *la Pucelle d'Orléans.* Il résulte en effet de la *Correspondance* de Voltaire et d'une lettre de M. de Saint-Sauveur, ministre du roi à la Haye, à M. Berryer (du 6 novembre 1755 (voy. *Correspondance*, t. VI, p. 498) que *la Pucelle* fut d'abord imprimée à *Francfort*, « *quoique supposée à Louvain* ». Les deux éditions publiées sous la rubrique de *Louvain* ont, l'une et l'autre, 1 f. de titre, 2 pp. non chiff. pour la *Préface* et 161 pp. Dans l'une et l'autre, la page 161 se termine par trois lignes de points, et les mots : *Cœtera desunt.* Il est évident que l'une des éditions a été faite sur l'autre. Voici cependant quelques différences qui les distinguent :

Sur le frontispice de l'une d'elles (l'édition in-8, qui a été aussi tirée dans le format in-12), les mots : *par M. de V**** sont entre deux lignes horizontales doubles, tandis que sur le frontispice de l'autre, ces mêmes mots sont entre deux lignes horizontales simples.

Dans l'édition in-8, la première page de la *Préface* a dix lignes ; cette même page n'a que neuf lignes dans l'édition in-12.

Voyez d'autres différences pp. 14, vers 21 ; — 15, vers 29 ; — 37, vers 7 ; — 151, vers 12 ; — 161, vers 3.

LA P..... D'O...... *Poëme divisé en quinze livres. S. l. n. d.* In-12 de 1 f., prélim., et 161 pp.

Cette édition a, comme les deux éditions avec l'indication de *Louvain* et le millésime 1755, 161 pp. ; et elle finit, comme elles, par trois lignes de points et les mots : *Cœtera desunt.* Mais elle est sans titre et sans préface. Elle se compose uniquement d'un faux-titre, sur lequel on lit : *La P...... d'O......, poème divisé en quinze livres.*

---

1. M. Desnoiresterres signale une édition en XIV chants publiée à *Bâle* en 1755 (*Voltaire et J.-J. Rousseau*, p. 499).

AUTRES ÉDITIONS DE *la Pucelle d'Orléans* : *Paris*. 1756, in-12 do 2 ff. non chiff. et 198 pp. (Portrait de Voltaire).— *Tabesterahu*. imprimé par *Pyr Mandschanburg*. (*Genève*) 1756, in-8. — *Londres*. 1756, in-12 do 193 pp., et *Londres*, 1756, in-32. (Avec un *Avis de l'éditeur*, la *Lettre de Voltaire à l'Académie française* (do novembre 1755), la *Réponse de l'Académie*, l'*Épître du Père Grisbourdon à M. de Voltaire*, etc., etc. Nombreuses réimpressions, notamment en 1757, 1758, 1767, 1773, 1775, 1777, 1780). — *Glascow, Frères Follis*. 1756, in-32. — *Amsterdam*. 1757, in-12 do 2 ff., prélim. et 223 pp.; et *Londres*. 1757, in-18. Figg. (Réimpressions des éditions do 1756). — *Genève*. 1757, 2 vol. très-pet. in-8 do 116 et 91 pp. (Titres gravés).— *Londres*. 1758, in-18 do 178 pp. (Portrait de Voltaire). — *Londres*. 1758, in-18. (Portrait de Voltaire). — *A Paris, l'an des Pucelles*. 1758, 2 vol., pet.-in-8. — *Londres, les héritiers des Elzevirs, Blœu. et Vascosan*. 1761, in-12 do 180 pp. — *Londres, Aux dépens de la Cie*. 1760 et 1761, in-8, figg. — *S. l. (Genève, Cramer)*. 1762, in-8 do 2 ff. prélim., VIII et 358 pp. Figg. Première édition avouée par l'auteur et publiée sous le titre suivant : *La Pucelle d'Orléans, Poème divisé en vingt chants avec des notes. Nouvelle édition*, etc. Les figures sont de Gravelot. Il y a des exemplaires qui n'ont que 351 pp. — *S. l.* 1762, in-16 do XVI et 303 pp. — *Londres*, aux dépens de la Cie. 1761, in-8 do XVI et 381 pp. Figg. — *A Conculix* (1765). In-24 do 261 pp. Figg. — *S. l.* (Genève). 1765, in-24. — *S. l.* 1766, in-16. Figg. — *Londres*. 1767, pet. in-8 de 247 pp. (Réimpression des éditions do 1756.) — *Londres, s. d.* (vers 1770), in-18. — *Londres ou s. l.* (Genève) 1771, in-8. Figg. (Le poème est divisé en 21 chants, avec les *Notes de M. de Morza* (Voltaire). — *S. l.* (Genève). 1771, in-8 de 366 pp. (Réimpression de l'édition de 1762.)— *Orléans*, 1771, in-16.— *Genève*. 1772, in-18. Frontispice par Marillier. — *Londres*. 1773, in-18. — *S. l.* (Genève). 1773, in-8 de VIII et 352 pp. Figg. (Édition encadrée. Réimpression de l'édition de 1771, en 21 chants). — *Londres*. 1774, in-8. — *Londres*. 1774, in-24. — *Londres*. 1775, in-8. Figg. (Édition encadrée). — *Paris*. Aux dépens de la Cie. 1775, 2 vol. pet. in-12. — *Genève*. 1777, in-18. Figg. (En 18 et en 21 chants). — *Londres*. 1778, 2 vol. in-18. Édit. encadrée. Portrait de Jeanne d'Arc.— *Londres*. 1779, in-8 de XVI et 365 pp. — *Londres*. 1779, 2 vol. in-12. — *Genève*. 1780, in-12 do XII et 445 pp., plus 1 f. non chiff. — *Londres* (Cazin). 1780, in-18 de 252 pp. (Portrait de Jeanne d'Arc). Réimpressions en 1780 et en 1790; 261 pp. — *Londres* (Paris, Cazin). 1780, 2 vol. in-18. Figg. de Duplessis-Bertaux. (Cette édition a été tirée aussi sur grand papier, dans les formats in-8 et in-12).— *En Suisse* (sic). 1781, in-12. Figg. — *Paris*. 1782, Pet. in-12. Figg. — *Paris*. 1785, in-8. Figg. — *De l'imprimerie de la Société littéraire et typographique (Kehl)*. 1784 et 1785, in-8. Figg. de Moreau[1].— *Amsterdam*. 1788, in-12. — *Genève*. 1788, in-12. — *De l'imprimerie de la Société littéraire et typographique (Kehl); Strasbourg, Levrault; Cassel, Thurneyscn*. 1789, in-4. Figg. de Moreau. — *De l'imprimerie de la Société littéraire et typographique (Kehl)*. 1789. 2 vol., pet. in-8 de 228 et 247 pp. — *S. l.* 1790, in-18. — *Londres*, 1790, in-24. — *Paris*. 1792, in-8. -- *Paris. De l'imprimerie de Didot le jeune*, an III (1795). 2 vol. in-4. Papier vélin. Figg. — *Paris, De l'imprimerie de Crapelet*, an VII. 2 vol. gr. in-8. Figg. — *Paris, F. Didot* 1801, in-18 et in-12. (Édition stéréotype.) — *Paris. J.-B. Fournier*, père et fils, an XI (1802), in-12. — *Paris, Sallior*, an XII (1803). 2 vol. in-18. (Édition encadrée). — *Paris, Gide et Nicolle*. 1808, in-18, in-12 et in-8. (Édition stéréotype d'Herhan, souvent réimprimée). — *Paris, A. Belin*. 1812, in-8. — *Paris, Nicolle et Belin*. 1813, in-12.— *Paris, Gide fils ou Gide et Nicolle*. 1813, in-18.— *Paris, Renouard*. 1816, in-8. Figg. de Moreau. — *Paris, Dabo*, etc. 1818 et 1819, in-18. — *Paris. De Bure, d'Houry et Nepreu*. 1822, in-16. Figg. de Le Prince. — *Paris, Nep-*

---

1. On a fait pour cette édition des titres avec le nom de *Buckingham, s. d.*

veu. 1824, in-32. (Il y a des exemplaires avec le millésime 1825. Tir. à 26 exemplaires, dont 6 sur vélin). — *Paris, les marchands de nouveautés.* 1831 et 1832, in-18. 1 fig. — *Paris, Didot frères.* 1833, in-8. — *Paris, Lebigre frères,* 1833 et 1834, in-18. — *Paris, Fortin, Masson et Cie.* 1842, in-18. — *Paris, Borrani et Dros.* 1850, in-18. — *Paris, Leclère.* 1865 (1864), 2 vol. in-18 et in-8 (Réimpression de l'édition *Casin,* de 1780, avec les figures de Duplessis-Bertaux. *Collection des Conteurs français,* t. 5 et 6. Réimprimée en 1880, à *Rouen, Lemonnyer.* 2 vol. in-16. Figg. de Duplessis-Bertaux). — *Paris, Garnier frères.* 1881, in-18. — *Paris, Librairie anticléricale.* 1881, in-12.

C. — ODES, STANCES, POÈMES, CONTES EN VERS, SATIRES, ÉPITRES, POÉSIES MÊLÉES.

Odes.

58. IMITATION DE L'ODE DU R. P. LEJAY SUR SAINTE GENEVIÈVE. *S. l. n. d.* (1710 ou 1714), in-4 de 7 pp.

59. ODE SUR LA MORT DE S. A. R. Mme LA MARGRAVE DE BAREITH. *S. l. n. d.,* in-8 de 35 pp. — *S. l. n. d.,* in-8 de 16 pp.

60. STANCES POUR LE 24 AOUT 1772, PAR M. DE V***. In-8 de 3 pp.

Première édition de l'*Ode sur l'anniversaire de la Saint-Barthélemy*[1].

Stances.

61. LE BONHEUR DE LA VIE, PAR VOLTAIRE. *Réimpression à 40 exemplaires des stances composées par Voltaire pendant l'automne de 1731 à Cirey. S. l. n. d. (Rouen, de l'imprimerie de Cagnard, 1868),* in-8 de 2 pp. non chiff. pap. teinté.

Ce sont les stances intitulées, dans les éditions modernes : *Impromptu fait à un souper dans une cour d'Allemagne,* t. VIII de la présente édition, p. 521.

Poèmes.

62. LE TEMPLE DU GOUST (avec cette épigraphe) : *Nec lædere, nec adulari. S. l. Hierosme Print-All, à l'Enseigne de la Vérité (Rouen, Jore).* 1733, in-8 de 1 f. de titre et 64 pp. — In-8 de 1 f. de titre et 63 pp.

Ces deux premières éditions sont sans privilège.

---

1. Nous avons vu aussi une édition séparée de l'*Ode sur l'ingratitude,* suivie de *la Ménagerie ou Psaphon* (pièce de vers contre Voltaire), *s. l. n. d.,* in-12 de 12 pp.; et une édition de l'*Ode sur les malheurs du temps,* imprimée avec la date de 1715, dans un recueil anglais de 1731.

LE TEMPLE DU GOUT, par M. DE VOLTAIRE. Édition véritable donnée par l'auteur. — *Amsterdam, Ledet (ou J. Desbordes)*. 1733, in-8 de XIV et 48 pp.

Édition précédée d'une *Lettre de M. de V...* (Voltaire) *à M. de C.....* (Cideville), en forme de préface : l'approbation de Crébillon est du 21 avril 1733.

LE TEMPLE DE L'AMITIÉ ET LE TEMPLE DU GOUT, pièces de M. de Voltaire. *S. l. Hiérosme Print-All.* 1733, in-12 de 87 pp.

LE TEMPLE DU GOUT, par M. DE VOLTAIRE, augmenté d'une réponse à l'auteur par M. Rousseau. *S. l. Hiérosme Print-All.* 1733, in-8 de 62 pp. et 1 f. non chiff.

LE MÊME POÈME : *Amsterdam, J. Desbordes.* 1737, in-12 de 60 pp. — *S. l. 1745*, in-12. (Édition citée par Quérard). — *Paris, L. Debure.* 1823, in-32.

63. ÉPITRES SUR LE BONHEUR. *Paris, Prault fils.* 1738, in-8 de 8, 7, 6 pp. et 1 p. non chiff.

Ce sont les trois premiers *Discours en vers sur l'homme.*

ÉPITRES SUR LE BONHEUR, LA LIBERTÉ ET L'ENVIE, par M. DE VOLTAIRE, *Amsterdam, Et. Ledet.* 1738, in-8 de 28 pp.

ÉPITRE DE LA MODÉRATION EN TOUT, DANS L'ÉTUDE, DANS L'AMBITION, DANS LES PLAISIRS. *S. l. n. d.*, in-8 de 8 pp.

C'est le quatrième *Discours en vers sur l'homme;* il a été réimprimé avec les trois premiers Discours, et une *Épître* de Rousseau, en 1738 (*Épîtres sur le bonheur,* etc.... *Amsterdam, J. Desbordes.* In-8 de 37 pp.).
Les autres *Discours* ont paru dans les éditions des *Œuvres de Voltaire :* l'édition de *Dresde* de 1752 est la première qui contienne les sept *Discours* à la suite les uns des autres (t. 3, pp 9-40).

64. DISCOURS EN VERS SUR LES ÉVÉNEMENTS DE L'ANNÉE 1744. Par M. de Voltaire. *Paris, Prault père.* 1744, in-4 de 7 pp.

Nouvelle édition, revue par l'auteur, etc.... *Ibid.,* 1744, in-4 de 7 pp. — *Strasbourg, Le Roux.* In-4 de 4 ff. non chiff. L'édition de Strasbourg est anonyme.

65. LA BATAILLE DE FONTENOY. Poème. *Paris, Prault père.* 1745, in-4 de 11 pp. et 1 p. non chiff. — Deuxième édition revue, etc., *ibid., id.,* 1745, in-4 de 12 pp. — Troisième édition plus correcte et plus ample que les précédentes, *ibid., id.,* 1745, in-4 de 12 pp. (avec plan et vue de la bataille). — Quatrième édition augmentée de plusieurs vers, etc., *ibid., id.,* in-4 de 12 pp.

Ces premières éditions sont anonymes : elles n'ont ni dédicace, ni préface. L'*Épître* dédicatoire et le *Discours* préliminaire parurent dans la sixième édition de Paris, conforme à la septième de Lille. — La sixième édition de Paris (*Paris, Prault père.* 1745) est in-8 de 29 pp. La septième, faite à *Lille* (*André-Joseph Panckoucke.* 1745), est in-8 de 26 pp.

LE POÈME DE FONTENOY. *Paris, De l'Imprimerie royale.* 1745, in-4 de 28 pp. Texte encadré.

Le même poème : Septième édition conforme à celle du Louvre. *Paris, Prault*, 1745, in-8 de 48 pp. — Neuvième édition, *ibid.*, *id.* 1745, in-8. (Réimpression de la septième).

Le poème de Fontenoy a été aussi imprimé à Châlons, à Rouen, à Lille, à Lyon, à Tournay, *etc.*

66. La Religion naturelle. [Poème en quatre parties. Au roi de Prusse, par M. V***. *Genève (Paris)*. 1756, in-12 de 24 pp.

Réimprimé en 1760, in-24 de 24 pp.

Le même poème (sous le même titre): Par *M. Arrouet (sic) de Voltaire. S. l. n. d.*, in-8 de 28 pp.

Avec le *Poème sur la destruction de Lisbonne*.

Poèmes sur la religion naturelle et sur la destruction de Lisbonne. *S. l.* 1756, in-8 de 45 pp.

La dédicace à la margrave de Baireuth :

> *Souveraine sans faste, et femme sans faiblesse,*

est adressée, à tort, à cette princesse; Voltaire l'avait faite pour la duchesse de Saxe-Gotha.

Nouvelle édition de la religion naturelle, *poème en quatre parties*, au roi de Prusse, par M. de Volt..... Augmentée de plusieurs pièces curieuses. — *Genève (Paris)*. 1756, in-12 de 2 ff. non chiff. et 78 pp.

Poèmes sur la religion naturelle et sur la destruction de Lisbonne, par M. V***. — *Genève*. 1756, in-12 de 32 pp.

Poèmes sur le désastre de Lisbonne et sur la loi naturelle. Avec des préfaces, des notes, etc. — *Genève. S. d.* (1756), in-8 de 51 pp.; et *S. l.* (Genève). En may 1756, in-8 de 51 pp.

Ces deux éditions ont été données par Voltaire.
Lowndes cite une édition avec le nom de *Londres*. 1756, in-8.
Le poème sur la *Loi naturelle* a été réimprimé en 1773, à la suite des *Lois de Minos* et dans le tome X de l'*Évangile du jour*.

67. Poème sur la destruction de Lisbonne. *S. l. n. d.*, in-12 de 12 pp.

Poème de M. de Voltaire avec la réponse a ses objections contre l'axiome : tout est bien. *S. l.* 1756, in-8 de 16 pp.

C'est le *Poème sur la destruction de Lisbonne*, publié séparément.

68. Précis de l'Ecclésiaste en vers par M. de Voltaire. *Paris*. 1759, in-8 de 15 pp. Portrait-médaillon de Voltaire sur le frontispice.

Nous ne connaissons du *Précis de l'Ecclésiaste* ni l'édition in-4 signalée par Quérard et par Barbier, ni l'édition faite au Louvre « *avec le portrait de Voltaire à la tête* ». (Voltaire à Thieriot, 15 décembre 1759.)

PRÉCIS DE L'ECCLÉSIASTE EN VERS par M. DE VOLTAIRE. *A Francfort, en Foire,* chez *J.-F. Bassompierre,* libraire à *Liège.* 1759, in-8 de 15 pp. Portrait-médaillon de Voltaire sur le frontispice.

> Contrefaçon de l'édition précédente.

PRÉCIS DE L'ECCLÉSIASTE EN VERS, par M. DE VOLTAIRE. Avec le texte en français. Édition très-correcte, etc. *Paris.* 1759, in-8 de 21 pp. Portrait de Voltaire sur le frontispice.

69. LE CANTIQUE DES CANTIQUES EN VERS. Avec le texte par M. de Voltaire. *Paris.* 1759, in-8 de 15 pp., et *Liège, Bassompierre.* 1760, in-8 (d'après Quérard).

PRÉCIS DE L'ECCLÉSIASTE ET DU CANTIQUE DES CANTIQUES, par M. DE VOLTAIRE. *Genève, Frères Cramer (Paris?).* 1759, in-8 de 21 pp — *Ibid., id. (Paris?)* 1759, in-8 de 22 pp. — *Paris.* 1759, in-12 de 41 pp. — *Liège, J.-F. Bassompierre (Genève?).* 1759 et 1760, in-8 de 40 pp. Portrait-médaillon de Voltaire sur le frontispice. (Édition encadrée, avec le texte du *Précis de l'Ecclésiaste* d'après la *Vulgate,* etc...). — *Francfort, Esslinger.* 1760, in-12. — *Londres.* 1770, pet. in-8 de 2 ff. et 30 pp.

> Les deux poèmes ont été réimprimés en 1761, dans la *Seconde Suite des Mélanges de littérature,* etc., et en 1771, dans le recueil intitulé *Épîtres, satires, contes, odes,* etc... (Avec une *Épître dédicatoire au roi de Prusse.*)

70. LA GUERRE CIVILE DE GENÈVE, OU LES AMOURS DE ROBERT COVELLE. *Poème héroïque avec ; des notes instructives. Bezançon, Nicolas Grandvel (Genève).* 1768, in-8 de XVI et 68 pp. ou in-8 de XVI et 67 pp. (premières éditions). — *S. l. (Genève).* 1775, in-8 de 56 pp. (Texte encadré).

> Nous n'avons pu retrouver ni l'édition in-8 (*Londres,* 1768), signalée par Quérard, ni l'édition in-16 ou in-18, citée par Beuchot et par M. A. Cohen, (*Guide de l'amateur de livres à vignettes,* etc., 4e édition, col. 525).
> L'édition en 68 pp. est ornée de vignettes, en guise de fleurons.
> La *Guerre civile de Genève,* dont le *Mercure* de juillet 1768 avait reproduit quelques fragments, a été réimprimée en 1772, dans le tome XIIe des *Nouveaux Mélanges,* etc...., et en 1777 dans le tome XXVI de l'édition in-4 des *OEuvres de Voltaire* (avec des additions au chant IIe). — Nous avons vu au British Museum une édition de *la Guerre civile de Genève* avec le millésime 1769, in-8.

71. JEAN QUI PLEURE ET JEAN QUI RIT. *S. l. n. d.,* in-8 de 8 pp.; — *par M. de Voltaire. S. l.* 1772, in-8 de 8 pp.; — *Lausanne, François Grasset et Comp.* 1772, in-8 de 8 pp.

> Voy. aussi *Mercure* de juillet 1772, t. I, p. 5; *Nouveaux Mélanges,* t. XII; *Évangile du jour,* t. IX, etc.

72. RECUEIL DE DIFFÉRENTS POÈMES CONTENANT LE TEMPLE DU GOUT, ETC., par M. de Voltaire. *Genève, s. n.* 1773, pet. in-12 de 2 . . . . non chiff., IV et 88 pp.

73. POÈMES, ÉPITRES ET AUTRES POÉSIES, par M. de Voltaire. *Genève.* 1777, in-18. — *Londres (Cazin).* 1779, in-18.

74. POÈMES ET DISCOURS EN VERS DE VOLTAIRE. *Paris, de l'imprimerie de P. et F. Didot.* An VIII (1800), in-18 et in-12. — *Paris, Gide et Nicolle.* 1808, 1813, etc., in-18, in-12 et in-8.

Éditions stéréotypes de Didot et d'Herhan.

75. POÈMES ET DISCOURS EN VERS DE VOLTAIRE. *Paris, Ménard et Desenne.* 1822, in-18 (*Bibliothèque française*). — *Paris, de Bure.* 1822, in-32 (*Classiques français, etc.*). — *Paris, Lefèvre.* 1822, in-24 (d'après Quérard).

Contes en vers.

76. CE QUI PLAIT AUX DAMES, CONTE. *Partout, chez des libraires français.* 1764, in-8 de 23 pp. Frontispice gravé. — *Londres,* 1764, in-8 de 22 pp. (Texte encadré). — *S. l. n. d.,* in-8 de 15 pp.

Sur ce conte, voyez une notice de Beuchot dans le *Journal de la librairie* du 20 septembre 1817.

77. L'ÉDUCATION D'UNE FILLE. *S. l. n. d.,* in-8 de 7 pp.

78. MACARE ET THÉLÈME. Allégorie, par M. de Voltaire. *S. l. n. d.,* in-4 de 8 pp. et in-8 de 8 pp.

79. LA BÉGUEULE, conte moral. *S. l.* 1772, in-8 de 11 pp. *Lausanne, François Grasset et Comp.* 1772, in-8 de 10 pp. — *Au château de Ferney.* 1772, in-8 de 12 pp. (avec les *Trois empereurs en Sorbonne*). — 1775, in-8 (d'après Quérard).

80. LE DIMANCHE OU LES FILLES DE MINÉE. Poème adressé par M. de Voltaire, sous le nom de M. de La Visclède, à madame Harnanche (*sic*). *Londres, Aux dépens de la Société.* 1775, in-8 de 16 pp. Portrait de Voltaire.

81. CONTES DE GUILLAUME VADÉ. *S. l. (Genève).* 1764, in-8 de XVI, 386 et 2 pp. non chiff.

Ce recueil renferme, outre la *Préface de Catherine Vadé*, les contes suivants :
1° *Ce qui plaît aux dames ;* 2° *l'Éducation d'un prince ;* 3° *l'Éducation d'une fille ;* 4° *les Trois Manières ;* 5° *Thélème et Macare ;* 6° *Azolan ;* 7° *l'Origine des métiers.* — Suivent d'autres morceaux en prose et en vers.

LE MÊME RECUEIL : Édition augmentée par l'auteur d'un *Supplément au Discours aux Welches, Genève.* 1764, in-8 de XII, 314 pp. et 2 pp. non chiff. — *S. l. (Genève).* 1764, in-8 de 390 pp. et 2 pp. non chiff. — *S. l.* 1764, in-8 de VIII, 269 pp. et 2 pp. non chiff. — *S. l.* 1764, 2 parties in-12 de VIII (IX) et 144 pp. et de 117 pp. et 1 p. non chiff. — *Berlin, Nicolaï.* 1765, in-8. — *Genève.* 1775, in-8 de 2 ff. non chiff. et 212 pp. [1].

1. Une édition de 1764 a pour adresse : *En Europe* (*sic*) ; 2 vol. pet. in-8

82. CONTES ET POÉSIES DIVERSES DE M. DE VOLTAIRE. *La Haye, Gosse junior.* 1777, in-18. Portr. — *Genève.* 1777, in-18.

83. CONTES ET NOUVELLES EN VERS, par MM. de Voltaire, Vergier, Sénecé, etc. *Londres (Paris, Cazin).* 1778, in-18. Figg.

>   Tome III* du *Recueil des meilleurs contes en vers*, réimprimé en 1862. (*Paris, Leclère*).

84. CONTES ET POÉSIES DIVERSES DE M. DE VOLTAIRE. *Londres*, 1780, in-18.

85. CONTES EN VERS, SATIRES ET POÉSIES MÊLÉES DE VOLTAIRE. *Paris, de l'impr. de P. Didot.* An VIII (1800), in-8 et in-12. — *Paris, Gide et Nicolle*, 1808, ou *Paris, Gide fils et Nicolle.* 1813, in-18, in-12 et in-8. (Éditions stéréotypes de Didot et d'Herhan.) — *Paris, Ménard et Desenne.* 1822, in-18 (*Bibliothèque française*).

86. CONTES EN VERS ET SATIRES, par Voltaire. *Paris, Debure.* 1822, in-32 (*Classiques français*, etc.).

87. CONTES EN VERS, SATIRES ET POÉSIES MÊLÉES DE VOLTAIRE. *Paris, Lecointe.* 1830, in-18. — *Paris, Hiard.* 1831, in-18.

88. CONTES, SATIRES, ÉPITRES, POÉSIES DIVERSES, ETC., ETC., par Voltaire. *Paris, Didot.* 1841, in-12. Portrait. (Souvent réimprimé.)

Satires.

89. LE MONDAIN (suivi de LA CRÉPINADE). *S. l. n. d.* (1736?), in-12 de 8 pp.

90. LE PAUVRE DIABLE. *A Paris.* 1758 *(sic)*, in-4 de 20 pp.

>   Le titre de départ porte : *Le Pauvre Diable, ouvrage en vers aisés de feu M. Vadé, mis en lumière par Catherine Vadé, sa cousine, dédié à maître Abraham **** (Chaumeix).
>   La dédicace, signée *Catherine Vadé*, est datée du 27 mars 1758.
>   Le *Pauvre Diable* est antidaté; il a été composé en 1760.

LA MÊME SATIRE : *Paris.* 1758 (1760), in-8 de 32 pp.

>   Avec *la Vanité* et la *Requête de Jérôme Carré.*

LA MÊME SATIRE : *Paris, rue Thibautodé, chez M. Jean Gauchat*, etc. 1758 (1760), in-8 de 2 ff. et 15 pp. — *Genève.* 1760, in-8 de 3 ff. prélim., et 30 pp. — *Genève, Cramer.* 1760, in-8 de 1 f. et 14 pp. — *Paris.* 1760 et 1762, in-8 de 24 pp. (Ces deux dernières éditions font partie d'un volume intitulé *Recueil de pièces intéressantes. S. l. n. d.* (1760 et 1762), in-8)

>   Le *Pauvre Diable* réimprimé dans le *Recueil des facéties parisiennes*, etc. (1760), a été compris dans la *Seconde Suite des Mélanges de littérature*, etc.

S. l. (Genève). 1761, in-8, et dans le volume intitulé *Épitres, satires contes, odes,* etc. *Londres (Genève).* 1771, in-8. Les notes sont de 1771.

91. LA VANITÉ, PAR UN FRÈRE DE LA DOCTRINE CHRÉTIENNE. *S. l. n. d.* (1760), in-4 de 4 pp.; — in-8 de 7 pp.; — in-8 de 4 pp.

92. LE RUSSE A PARIS. *S. l. n. d.* (1760), in-4 de 15 pp.

Le titre de départ porte : *Petit poème en vers alexandrins, composé à Paris, au mois de mai 1760, par M. Ivan Alethof, secrétaire de l'ambassade russe.*

LA MÊME SATIRE : *S. l. n. d.* (1760), in-8 de 16 pp.; — in-8 de 11 pp.

93. LES CHEVAUX ET LES ANES OU ÉTRENNES AUX SOTS. *S. l. n. d.,* in-8 de 8 pp.

On lit à la page 8 : *Par M. le chevalier de M....re, cornette de cavalerie et en cette qualité ennemi juré des ânes. A Paris, le 1er janvier 1762. Pour vos étrennes.* (M....re c'est-à-dire Molmire).
Dans *les Contes de Guillaume Vadé,* dans l'édition in-4, dans l'édition encadrée cette satire est datée du 1er janvier 1761 (lisez 1762).

LA MÊME SATIRE. *S. l. n. d.* Pet. in-12 de 6 pp. ; — in-12 de 6 pp. (troisième édition).

94. LE MARSEILLAIS ET LE LION. *S. l.* 1768, in-8 de 14 pp.

Le titre de départ, p. 3, porte : *Par feu M. de Saint-Didier, secrétaire perpétuel de l'Académie de Marseille.*

95. LES TROIS EMPEREURS EN SORBONNE, par M. l'abbé Caille. *S. l.* 1768, in-8 de 8 pp.

Les *Trois Empereurs en Sorbonne* ont été réimprimés en 1772, à la suite de la *Bégueule.* (Voy. *Contes en vers.*)

96. LES SISTÈMES (*sic*). *S. l. n. d.* (1772), in-8 de 8 pp.

Les *Systèmes* sont suivis de deux pièces qui ne sont pas de Voltaire.

97. LES CABALES, ŒUVRE PACIFIQUE. *S. l.* 1772, in-8 de 8 pp.

LES SYSTÈMES ET LES CABALES, AVEC DES NOTES INSTRUCTIVES; EN SUITE LA BÉGUEULE ET JEAN QUI PLEURE ET JEAN QUI RIT. *S. l.* 1772, in-8 de 54 pp.

98. LA TACTIQUE. Pièce en vers de M. de Voltaire, envoyée de Ferney par l'auteur à M. l'abbé de Voisenon, le 30 novembre 1773. *S. l. n. d.,* in-8 de 8 pp. — *Dresde, Walther.* 1774, in-8.

La *Tactique* parut aussi dans le *Mercure* de janvier 1774, t. I, p. 52.

LA MÊME SATIRE : *S. l. n. d.,* in-8 de 6 pp. — *S. l. n. d.,* in-8 de 32 pp. (*Avec quelques épitres nouvelles du même auteur,* etc.)

99. DIALOGUE DE PÉGASE ET DU VIEILLARD, par M. de V. *S. l. n. d.* *(Genève.* 1774), in-8 de 4 f. non chiff. et 22 pp.

S. l. n. d., in-8 de 20 pp. — *Londres, chez la Société typographique,* 1774, in-8 de 14 pp.

Les Satires de Voltaire ont été souvent réimprimées à la suite de ses *Contes en vers;* voyez aussi le volume intitulé *Épîtres, satires, contes, odes, etc.....* Londres (Genève), 1771, in-8; *Poésies satyriques du* XVIII*e siècle. Londres* (Cazin), 1782 et 1788, 2 vol. in-18; *Satiriques du* XVIII*e siècle. Paris, Colnet,* an VIII, 4 vol. in-8.

Épîtres [1].

100. NOUVELLE ÉPITRE AU ROI PAR M. DE VOLTAIRE. Présentée à Sa Majesté au camp devant Fribourg, le 1er novembre 1744 *(Paris, de l'imprimerie de Prault père),* in-4 de 3 pp.

101. ÉPITRE SUR LA VICTOIRE REMPORTÉE PAR LE ROI A LAWFELD. *S. l. n. d.* 1747, in-4 de 8 pp.

LETTRE A S. A. S. Mme LA DUCHESSE DU MAINE SUR LA VICTOIRE REMPORTÉE PAR LE ROI A LAWFELT *(sic). Lyon, Delaroche.* 1747, in-8 de 8 pp.

102. LES TONNEAUX, par M. de Voltaire. *S. l. n d.* 1751, in-12 de 4 ff. non chiff.

C'est l'*Épître au roi de Prusse,* qui débute par ce vers :

Blaise Pascal a tort, il faut en convenir...

103. ÉPITRE DE M. DE V*** EN ARRIVANT DANS SA TERRE PRÈS DU LAC DE GENÈVE, EN MARS 1755, *S. l. n. d.* (chez *Emmanuel du Villard fils, libraire et imprimeur de la Gazette),* in-4 de 6 pp. (Texte encadré.)

S. l. n. d., in-4 de 6 pp. et 1 f. non chiff. pour la *Réponse à l'Épître de M. de* V***; — S. l. n. d., in-8 de 8 pp. — S. l. n. d, in-8 de 7 pp. — *Londres,* 1755, in-4 (avec une traduction anglaise en regard du texte français).

104. ÉPITRE DE VOLTAIRE A Mlle CLAIRON. *S. l. n. d.,* in-8 de 8 pp.

Le titre de départ porte : *Pantaodai, Étrennes à Mlle Clairon, par A*** C*** (Abraham Chaumeix). A *Paris,* le 1er janvier 1761.

105. ÉPITRE DE M. DE VOLTAIRE A MADAME DENIS SUR L'AGRICULTURE. *S. l. n. d.* (1761), in-8 de 7 pp.

S. l. n. d., in-8 de 10 pp. (Suivie du *Rescrit de l'empereur de la Chine* et d'une *Lettre à M. l'évêque d'Annecy.)* — *S. l. n. d.,* in-8 de 15 pp.

---

1. Une édition séparée de l'*Épître a Madame du Châtelet sur la philosophie de Newton* est intitulée *A Émilie. S. l. n. d.* (1736 ou 1738), in-8 de 8 pp.

106. A Mlle CLAIRON. *S. l. n. d.* (1765), in-4 de 4 pp. — *S. l. n. d.*, in-8 de 4 pp.

> C'est l'épître qui débute par ce vers :
> Le sublime en tout genre est le don le plus rare.....

107. ÉPITRE A BOILEAU. *S. l. n. d.* (1769), in-8 de 6 pp.

108. ÉPITRE A L'AUTEUR DU NOUVEAU LIVRE DES TROIS IMPOSTEURS. *S. l. n. d.* (1769), in-12 de 4 pp.

109. LES TROIS ÉPITRES *(à Boileau, à l'auteur du nouveau livre de. Trois Imposteurs et à Saint-Lambert). S. l. n. d.*, in-8 de 16 pp.

110. ÉPITRE AU ROI DE LA CHINE SUR SON RECUEIL DE VERS QU'IL A FAIT IMPRIMER. *S. l. n. d.*, in-8 de 6 pp. — *Seconde édition corrigée et augmentée. S. l. n. d.*, in-8 de 11 pp. — *Troisième édition purgée de toutes les fautes des premières et accompagnée de notes. S. l. n. d.*, in-8 de 14 pp.

111. LES QUATRE DERNIÈRES ÉPITRES DU POÈTE PHILOSOPHE *(à l'impératrice de Russie ; — au roi de Suède; — au roi de Danemark ; — à d'Alembert). S. l. (Genève).* 1771, in-8 de 40 pp.

112. ÉPITRE A HORACE. *S. l. n. d.* (1772), in-8 de 12 pp. — *S. l. n. d.* in-8 de 14 pp. — *A Ferney.* 1773, in-8 de 1 f. non chiff. et 16 pp. (suivie de la *Réponse d'Horace* et des *Systèmes*). — *S. l. n. d.*, in-8 de 32 pp. (suivie de la *Réponse d'Horace* et d'une pièce qui n'est pas de Voltaire).

113. ÉPITRE A UN HOMME. *S. l. n. d. (Genève.* 1776), in-12 de 2 pp. non chiff.

> Cette épître est adressée à Turgot.

114. ÉPITRES, SATIRES, CONTES, ODES ET PIÈCES FUGITIVES DU POÈTE PHILOSOPHE, DONT PLUSIEURS N'ONT POINT ENCORE PARU. Enrichies de notes curieuses et intéressantes. *Londres* (Genève), 1771, in-8 de VIII et 448 pp.

> *Ibid.*, in-8 de 415 pp.

115. RECUEIL D'ÉPITRES, SATIRES, CONTES, ETC., du poète philosophe. *Bouillon.* 1771, in-8.

> Édition citée par Barbier (*Dict. des ouv. anonymes*, éd. Daffis, IV, 53. — Le renvoi au *Bulletin du bibliophile belge*, 1873, p. 203, est inexact).

116. ÉPITRES, STANCES ET ODES DE VOLTAIRE. *Paris. de l'imprim. de P. Didot l'ainé.* An VIII. (1800), in-18, et sur gr. pap. vélin, in-12.

Paris, Gide et Nicolle: Nicolle et Renouard; Nicolle; Gide fils, etc., etc. 1808, 1812, 1813, etc... in-18, in-12 et in-8. (Éditions stéréotypes de Didot et d'Herhan.) — *Paris, Ménard et Desenne.* 1822, in-18 (*Bibliothèque française*). — *Paris, Debure.* 1823, 2 vol. in-32 (*Classiques français*, etc....); — *Paris, Sanson.* 1826, in-32 (d'après Quérard).

117. ÉPITRES DE VOLTAIRE. *Paris, Lecointe.* 1830, in-18.

118. ÉPITRES, SATIRES, CONTES, ÉPIGRAMMES DE VOLTAIRE, SUIVIS DE FRAGMENTS DE LA PUCELLE. *Paris, Garnier frères.* 1874, in-18 jésus.

> Les *Épitres* de Voltaire ont été aussi imprimées quelquefois à la suite de ses *Poèmes.*

Poésies mêlées.

119. HYMNE CHANTÉ AU VILLAGE DE POMPIGNAN. *S. l. n. d.,* in-16 de 3 pp.

120. ADIEUX A LA VIE, PAR VOLTAIRE. *Paris (Typ. Appert).* 1863, in-8 de 2 pp. non chiff.

> C'est la pièce qui débute ainsi :
>
> Adieu; je vais dans ce pays, etc.
>
> (n° 309 de la présente édition, t. X, p. 602).

D. — ÉDITIONS COLLECTIVES DES POÉSIES DE VOLTAIRE.

121. MÉLANGES DE POÉSIES ET DE PIÈCES FUGITIVES DE DIVERS GENRES EN VERS. *Lausanne, Poit.* 1772, 2 vol. in-8.

122. MÉLANGES DE POÉSIES. *Nouvelle édition considérablement augmentée sur la dernière in-4 faite à Genève. Neufchâtel (Paris, Panckoucke).* 1773, 2 vol. in-12.

> Ces deux volumes font partie de l'édition des *OEuvres de Voltaire,* publiée sous la rubrique de *Neufchâtel* (voy. *OEuvres complètes,* année 1772).

123. VOLTAIRE POÈTE. NOUVELLE ÉDITION MISE EN ORDRE PAR UN DES MEILLEURS CRITIQUES DU SIÈCLE (Palissot). *Paris, Servière.* 1798, 15 vol. in-8.

> Voy. *OEuvres choisies*[1].

124. POÉSIES DE VOLTAIRE. *Paris. P. Didot.* 1823, 5 vol. in-8.

> Édition donnée par Beuchot.

125. OEUVRES POÉTIQUES DE VOLTAIRE CONTENANT LES CHEFS-D'OEUVRE DRAMATIQUES, LA HENRIADE, ETC., ETC., ET LES POÉSIES MÊLÉES. *Paris, L. de Bure.* 1824, gr. in-8. Portrait.

126. POÉSIES DIVERSES DE VOLTAIRE, *Paris, Roux-Durfort et Froment.* 1825 (1824), 2 vol. in-48. — *Paris, Treuttel et Wurtz.* 1833, 3 vol. in-8.

---

1. Kayser (VI [1836], p. 108), indique une édition des *Poésies choisies* (de Voltaire), avec l'adresse de: *Rabenhorst, à Leipzig.* 1797, in-16.

III. — ESSAI SUR LES MŒURS ET L'ESPRIT DES NATIONS. — ANNALES DE L'EMPIRE. — SIÈCLE DE LOUIS XIV. — SUPPLÉMENT AU SIÈCLE DE LOUIS XIV. — PRÉCIS DU SIÈCLE DE LOUIS XV. — HISTOIRE DU PARLEMENT. — HISTOIRE DE CHARLES XII. — HISTOIRE DE RUSSIE.

A. — ESSAI SUR LES MŒURS ET L'ESPRIT DES NATIONS.

127. ESSAY SUR L'HISTOIRE GÉNÉRALE ET SUR LES MŒURS ET L'ESPRIT DES NATIONS DEPUIS CHARLEMAGNE JUSQU'A NOS JOURS. S. l. (Genève, Cramer). 1756, 7 vol. in-8.

Des fragments de l'*Essai sur l'Histoire générale* parurent dès 1745 dans le *Mercure*, sous le titre de : *Nouveau plan d'une Histoire de l'Esprit humain* (*Mercure* d'avril, de juin, de septembre et d'octobre 1745 ; — de janvier, de mai et de juin 1746).

L'*Histoire des Croisades* (qui forme aujourd'hui les chapitres LIII à LVIII de l'*Essai sur les mœurs*) fut également publiée dans le *Mercure* (septembre, octobre, décembre, 1750, — février 1751).

En 1751, l'*Histoire des Croisades*, par M. Arouet de Voltaire, parut sous la rubrique de *Berlin*, en un volume in-12 de 131 pp. Le titre de cette première édition porte : HISTOIRE DES CROISADES, AVEC LA CRITIQUE. Cette *Critique* consiste en deux lettres sur l'*Histoire des Croisades* (pp. 107 à 131).

L'*Histoire des Croisades* et le *Nouveau plan d'une l'Histoire de l'Esprit humain* furent réimprimés à la suite de *Micromégas* (*Londres*. 1752, pet. in-8 ; — *Berlin*, 1753, pet. in-8) [1].

En 1753 parut, sans la participation de Voltaire, un *Abrégé de l'Histoire universelle depuis Charlemagne jusques à Charlequint (sic)*, par M. de Voltaire. La Haye, Jean Néaulme. 2 vol. in-12 (2). Voltaire, après avoir désavoué cet *Abrégé*, fit paraître un tome troisième, intitulé :

Essai sur l'Histoire universelle, tome troisième, etc... Leipzig et Dresde, 1754, in-12.

AUTRES ÉDITIONS DE L'ABRÉGÉ DE L'HISTOIRE UNIVERSELLE :

La Haye, J. Néaulme, (Paris). 1753, 2 vol. in-12. — Londres, J. Nourse (Paris). 1753. 2 vol. in-12. — Genève, Claude-Philibert. 1754, 3 vol. in-8 (avec le *tome troisième*, publié par Voltaire). — Francfort, Esslinger. 1754, 2 vol. in-8. — Londres. J. Nourse, 1754, 2 vol. in-12. — Colmar, Fontaine. 2 vol. in-12 (sous le titre d'*Histoire universelle*, etc...). — La Haye et Berlin, J. Néaulme. 1754, 3 vol. in-12. — Bâle et Dresde, G. C. Walther. 1754-1758, 6 vol. in-8 (sous le titre d'*Essai sur l'Histoire universelle*, etc.). — Lausanne. 1785, 2 vol. in-8. — Bâle. 1792, 2 vol. in-8.

1. Une réimpression de l'*Histoire des Croisades* seule fut faite en 1753 (S. l., petit in-12 de 2 ff. et 193 pp.).
2. Sur les relations de Voltaire et de Néaulme, voyez *le Livre*, livraison du 10 novembre 1882.

L'Essai sur l'Histoire générale et sur les mœurs et l'esprit des nations, etc. S. l. (*Genève, Cramer*). 1756, est divisé en ccxv chapitres. Les 7 volumes forment les tomes XI à XVII de la *Collection complète des OEuvres de M. de Voltaire*. *Première édition.*

AUTRES ÉDITIONS SUR L'ESSAI SUR L'HISTOIRE GÉNÉRALE :

S. l. (*Genève. Cramer*). 1757, 7 vol. in-8. (C'est l'édition de 1756, avec de nouveaux frontispices et des additions au tome VIIe). — S. l. (*Hollande*). 1757, 7 vol. in-8. (avec une *Table générale des matières*). — S. l. (*Genève, Cramer*). 1761-1763, 8 vol. in-8 [1]. — *Amsterdam. Aux dépens de la Cie*, 1761, 7 vol. in-12. — *Genève.* 1771, 3 vol. in-12. — *Paris, Didot.* 1805, 8 vol. in-18 et in-12 (sous le titre d'*Essai sur les mœurs et l'esprit des nations*, etc...) — *Paris, Lecointe*, 1820-1830, 10 vol. in-18. — *Paris, Hiard.* 1832, 10 vol. in-18. — *Paris, Treuttel et Wurtz.* 1835, 4 vol. in-8.

B. — ANNALES DE L'EMPIRE.

128. ANNALES DE L'EMPIRE DEPUIS CHARLEMAGNE, PAR L'AUTEUR DU SIÈCLE DE LOUIS XIV. *Bâle, Jean-Henri Decker (de l'imprimerie de Schœpflin, à Colmar).* 1753-1754, 2 vol. in-12 de 24 ff. non chiff. et 360 pp. (t. Ier); — de 4 ff. paginés 1-8, 383 pp. et 2 ff. non chiff. (t. IIe).

Le tome Ier contient une dédicace à *la duchesse de Saxe-Gotha; une lettre de M. de V*** à M. de ***, professeur en histoire; un Avertissement*, etc...

Le tome II (de 1754) n'a qu'un titre de départ; il renferme un *Errata* (p. 363) et 4 ff. paginés 1 à 8 pour les *Doutes sur quelques points de l'Histoire de l'empire.*

AUTRES ÉDITIONS :

Bâle, J.-H. Decker, 1753 (1754), 2 vol. in-12 (réimpression de la première édition). — *Genève, Les frères Cramer*, 1754, 2 vol. in-12. — *Dresde, Walther.* 1754, 2 vol. in-12. — *Francfort, Andréa.* 1754, 2 vol. in-8. — *La Haye et Berlin.* 1754, 2 vol. in-8. — *Paris, Bichois*, 1777, 2 vol. in-12. — *Paris, Treuttel et Wurtz.* 1835, 2 vol. in-8.

Réimpr. de 1772 à 1775 dans les xve, xvie et xviie parties des *Nouveaux Mélanges*; et en 1775 dans les tomes XXIII et XXIV de l'édition *encadrée*.

---

1. En 1763 parurent aussi des *Additions à l'Essay sur l'histoire générale*, etc..., *pour servir de supplément à l'édition de 1756 en VII volumes.* S. l. (*Genève, Cramer*). in-8 de 2 ff. et 467 pp. — En 1765, Voltaire publia la *Philosophie de l'histoire*, par feu l'abbé Bazin. *Amsterdam, Changuion.* In-8 de VIII et 304 pp. — *Id., ibid.*, in-8 de VIII, 2 ff. et 336 pp. — *Utrecht, Aux dépens de la Compagnie.* 1765, in-12, etc. — La *Philosophie de l'histoire* devint en 1769 (dans l'édition in-4 des *OEuvres de Voltaire*), le *Discours préliminaire de l'Essai sur les mœurs et l'esprit des nations*, etc. (tome VIIIe de l'édition in-4).

C. — SIÈCLE DE LOUIS XIV.

129. LE SIÈCLE DE LOUIS XIV PUBLIÉ PAR M. DE FRANCHEVILLE, CON-
SEILLER AULIQUE DE SA MAJESTÉ ET MEMBRE DE L'ACADÉMIE ROIALE DES
SCIENCES ET BELLES-LETTRES DE PRUSSE. *Berlin, C.-F. Henning,* imprimeur du roi. 1751, 2 vol. in-12 de 7 ff. non chiff., 488 pp. et 1 p. non
chiff. pour l'*errata* du premier volume (t. Ier); — de 1 f. de titre, 466 pp.
et 2 pp. non chiff. pour l'*errata* du premier et du deuxième volume (t. II).

Dès 1732, Voltaire travaillait au *Siècle de Louis XIV.* En 1739, les libraires
de Hollande firent paraître un prospectus intitulé : *Essay sur l'Histoire du
Siècle de Louis XIV, par M. de Voltaire. Amsterdam, H. du Sauzet,* in-8
de 16 pp. et 1 p. non chiff. — Ce prospectus contient l'*Introduction* au *Siècle
de Louis XIV* et une partie du chapitre I. Cette *Introduction* et le chapitre I
tout entier furent réimprimés en 1739, en tête du volume intitulé : *Recueil de pièces fugitives en prose et en vers, par M. de V***, S. l. (Paris,
Prault).* 1740 (1739), in-8. Ce *Recueil* fut supprimé par arrêt du Conseil du
4 décembre 1739.

L'édition de 1751 présente les deux particularités suivantes :

1° Il n'y a pas une seule lettre capitale dans tout l'ouvrage, excepté en
tête des paragraphes;

2° C'est le premier livre imprimé tout entier avec l'*orthographe de Voltaire.*
Cartons pp. 39-40; 89-90; 213-214; 339-340; 391-392; 417-418; 483-484
(tome I); 103-104 (tome II).

AUTRES ÉDITIONS DU SIÈCLE DE LOUIS XIV :

Berlin, C.-F. Henning. 1752, 2 vol. in-12 (les fautes signalées dans les *errata*
de la première édition sont corrigées dans celle-ci). — *Berlin, C.-F. Henning.*
(*Rouen ?*) 1752, 2 vol. in-12 (titre rouge et noir, contrefaçon de la seconde édition)[1].
— *La Haye, J. Néaulme.* 1752, 2 vol. in-8[2]. — *Leipsig, J.-F. Gleiditsch.* Septembre 1752, 2 vol. in-12. — *Dresde, G.-C. Walther (Lyon ou Trévoux).* 1752, 2 vol.
in-12[3]. — *Édimbourg, Hamilton, Balfour et Neill.* 1752, 2 vol. in-12. — *Londres,
R. Dodsley.* 1752, in-4°, ou 2 vol. in-12. — *Leipsic (Paris).* 1752, 4 parties en
2 tomes in-12. Il existe de la 2e partie du tome IIe des exemplaires en 218 (lisez
278) pages, et des exemplaires en 317 (lisez 297) pages. (La différence de pagination vient de ce que l'édition publiée sous la rubrique de *Leipsic (Paris),* a été,
après coup, enrichie d'additions, suivant la copie de 1753, imprimée à Leipzig,
avec l'adresse de G.-C. Walther, à Dresde.) — *Dresde, G.-C. Walther.* 1753 (1752),
2 vol. in-8. (*Nouvelle édition, revue par l'auteur et considérablement augmentée*).
— *Leypsick* ou *Leypsic (Lyon?).* 1752, 4 parties en 2 vol. in-12. — *Leypsic (Paris ?).* 1753, 4 parties en 2 vol. pet. in-12. — *Dresde, G.-C. Walther (Lyon ou
Trévoux).* 1753, 3 vol. in-12. — *Leypsic (Rouen ?).* 1756, 4 parties en 2 tomes

---

1. On lit sur les frontispices : *Histoire du Siècle de Louis XIV, par M. de Francheville,* etc.
2. On lit sur les frontispices : *Histoire du Siècle de Louis XIV, par M. de Voltaire,* etc. —
Il y a des exemplaires avec le nom de *B. Gibert.* Quérard dit qu'un troisième volume fut
ajouté en 1753 (*Bibliogr. Volt.,* p. 81).
3. On lit sur les frontispices : *Troisième édition.*

in-12. — *Berlin, Henning.* 1753, 2 vol. in-12. Avec les *additions et les corrections*
de la première édition publiée sous la rubrique de *Leipsic* (*Paris*). — *Francfort,
veuve Knoch et Eslinger, ou Metz, Bouchard le jeune.* 1753, 3 vol. in-8. *Nouvelle
édition augmentée d'un très-grand nombre de remarques par M. de la B**** (La
Beaumelle). — *Amsterdam, Aux dépens de la Cie.* 1764, 3 vol. in-12. — *Amsterdam, Aux dépens de la Cie.* 1765, 3 vol. in-12. — *S. l.* (*Genève, Cramer*). 1768,
4 vol. in-8. (*Nouvelle édition, revue et augmentée, à laquelle on a joint un Précis
du Siècle de Louis XV*). — *Genève.* 1770, 4 parties en 2 tomes pet. in-12. — *S. l.*
(*Genève*). 1771, 4 vol. in-8. — *Amsterdam, Aux dépens de la Cie.* 1771, 3 vol. in-12.
— *Dresde, Walther,* 1777, 2 vol. in-8. — *Lausanne. J.-H. Pott.* 1780, 3 vol. in-12.
— *Berne, Société typographique.* 1781, 3 vol. in-12. — *Londres.* 1798, 3 vol. in-18.
— *Paris, Didot, et Londres.* 1803, 5 vol. in-18 et in-12. — *Paris, H. Nicolle.* 1808
2 vol. in-12 et avec le *Précis du Siècle de Louis XV,* 4 vol. in-18. (Édition sté-
réotype d'Herhan). — *Paris, Nicolle et Renouard.* 1812, 2 vol. in-12. — *Paris,
Dabo.* 1819, 2 vol. in-12. — *Paris, chez l'éditeur des Œuvres de Mme la comtesse
de Genlis.* 1820, 3 vol. in-12. (Nouvelle édition, avec des retranchements....., par
Mme la comtesse de Genlis). — *Paris. P. Didot l'aîné et J. Didot fils.* 1820, 4 vol.
in-18, ou *Paris, Didot aîné.* 1821, 4 vol. in-8, (Avec le *Précis du siècle de Louis XV*).
— *Paris, Ménard et Desenne.* 1822, 6 vol. in-18. Figg. (Avec le *Précis du siècle
de Louis XV*). — *Paris. Au bureau des éditeurs ou Paris, Hiard.* 1829-1830,
4 vol. in-18. (Avec le *Précis du siècle de Louis XV*). — *Paris, Delalain.* 1831 et
1832, 2 vol. in-18. — *Paris, Treuttel et Wurtz.* 1835, 3 vol. in-8 (*Siècles de
Louis XIV et de Louis XV*). — *Paris, Charpentier.* 1840, 1842, 1843, 1846, in-12.
— *Paris, F. Locquin.* (1842), in-8. — *Paris, F. Didot.* 1843, in-12. — *Paris, Dela-
lain,* 1843. in-18. (Édition classique, par M. A. Dubois. Réimpr. en 1844 et 1853).—
Paris, Lehuby. 1846 et 1847, in-8. Figg. (Édition revue par l'abbé Duchesne de
Ciszeville, avec des suppressions). — *Paris, Boulet.* 1847, 3 vol. in-16. — *Paris,
J. Lecoffre.* 1847, in-12. (Nouvelle édition, par M. l'abbé Drioux. Avec des suppres-
sions. Réimpr. en 1860). — *Paris, Charpentier.* 1852, in-18. (*Nouvelle édition,
annotée par M. Ch. Louandre.* Réimpr. en 1858, 1865. 1869, 1874). — *Paris,
Hachette.* 1853, in-12. (*Nouvelle édition, accompagnée d'une notice, etc., par
M. A. Garnier.* Réimpr. en 1857, 1860, 1863, 1865. 1868, 1872, 1875, 1878). —
Paris. Delalain. 1854, in-18 et in-12. (L'édition in-12 a été donnée par M. Genouille. Réimpr. en 1856 et en 1869).— *Paris, Furne.* 1854 et 1873, in-8.— *Paris,
Delalain.* 1856, in-18 (*Édition classique adoptée par le Conseil impérial de l'Instruction publique*). — *Paris, Dezobry et Magdeleine.* 1856, in-12. (Édition annotée par M. Dauban. Réimpr. en 1860, 1864 (Tandou) et 1869 (Delagrave).—*Paris,
Delalain* (1856), in-18. (Édition classique donnée par M. F. Estienne. Réimpr. en
1861, 1867, 1873, 1876, 1877). — *Paris, Hachette.* 1856, in-18. (Édition classique
réimprimée en 1862 et en 1870). — *Paris, F. Didot frères, fils et Cie.* 1858, 2 vol.
in-8. (De la collection des *Chefs-d'œuvre littéraires,* etc., publiée par M. Lefèvre).
— *Paris, Belin* (1862), in-18 et in-12. (*Nouvelle édition précédée d'une notice sur
l'auteur, etc., par M. Grégoire.* Réimpr. en 1863, 1876, 1879, 1880). — *Paris,
Garnier frères.* 1866 à 1882, in-18. — *Paris, rue Baillif.* 1869, 4 vol. in-32.
(*Bibliothèque nationale.* Réimpr. en 1880). — *Londres.* 1875, in-8° (Édition don-
née par M. G. Masson). — *Paris, Delalain frères.* 1870, in-18. Édit. classique, par
M. L. Feugère[1].

---

1. *Siècle de Louis XIV, par Voltaire.* Nouvelle édition classique, avec notes, cartes et
gravures, par M. Paul Gaffarel. *Paris, Garnier frères* (1882), in-18 Jésus.

D. — SUPPLÉMENT AU SIÈCLE DE LOUIS XIV.

130. SUPPLÉMENT AU SIÈCLE DE LOUIS XIV, CATILINA, TRAGÉDIE, ET AUTRES PIÈCES DU MÊME AUTEUR. *Dresde, G.-C. Walther.* 1753, in-8 de 8 ff. non chiff. et 184 pp.

La *Préface* est dédiée à *M. Roques, conseiller ecclésiastique du sérénissime landgrave de Hesse-Hombourg.*
À la suite de *Catilina*, on trouve *l'Examen du testament politique du cardinal Alberoni* (pp. 173-184).

AUTRES ÉDITIONS :

Dresde. 1753, in-8, de 1 f. de titre, 7 ff., pag. iii-xvi, 119 et 91 pp. — Réimp. dans le *Siècle politique de Louis XIV ou Lettres du vicomte Bolingbroke sur ce sujet. Avec les pièces qui forment l'histoire du Siècle de M. F. de Voltaire et de ses querelles avec MM. de Maupertuis et La Beaumelle, etc.... Sieclopolie, Aux dépens de la Cie.* 1753, in-8; 1754 et 1755, in-12.
La Beaumelle a écrit une *Réponse au Supplément du siècle de Louis XIV, Colmar.* 1754, in-12 de 166 pp. — Réimprimée en 1763, sous le titre de *Lettres de M. de La Beaumelle à M. de Voltaire. Londres, J. Nourse,* in-12 de 213 pp.

E. — PRÉCIS DU SIÈCLE DE LOUIS XV.

131. PRÉCIS DU SIÈCLE DE LOUIS XV, PAR M. DE VOLTAIRE, SERVANT DE SUITE AU SIÈCLE DE LOUIS XIV DU MÊME AUTEUR. *Genève.* 1769, 2 vol. in-12 de 2 ff., 365 pp. et 5 pp. non chiff. (t. Ier); — de 1 f. de titre, 303 pp. et 3 pp. non chiff. (t. II).

Une partie de ce qui formait, en 1769, le *Précis du Siècle de Louis XV* avait paru en 1755 et en 1756, sans la participation de l'auteur, sous le titre suivant :
Histoire de la guerre de mil sept cent quarante et un. Amsterdam (Paris). 1755, 2 parties in-12 et *La Haye.* 1756, 2 parties in-12. (Cette dernière édition avec le nom de Voltaire[1].)
La première édition du *Précis du Siècle de Louis XV* parut en 1768 à la suite du *Siècle de Louis XIV*, s. l. (Genève, Cramer), 4 vol. in-8. L'édition séparée de 1769 doit être de la fin de 1768 (voy. *Mémoires secrets,* 3 et 20 décembre 1768).

AUTRES ÉDITIONS DU PRÉCIS DU SIÈCLE DE LOUIS XV :

Genève. 1769, 2 vol. in-12 de 2 ff., 299 pp. et 4 pp. non chiff. (t. Ier) et de 1 f. de titre, 250 pp. et 1 f. non chiff. (tome IIe). — *S. l.* 1769, 2 vol. in-12. —

1. Une *seconde* édition, *revue et corrigée par l'auteur,* parut en 1756 sous la rubrique de Genève, 2 vol. in-12. — Le catalogue du British Museum porte l'indication d'une édition de la *Guerre de mil sept cent quarante et un* avec le nom de *Londres* et le millésime 1756, 2 parties in-12.

Lausanne. 1769, 2 vol. in-12. — *S. l.* 1770, 2 vol. in-12. — *Genève,* 1770, 2 vol. in-12. — *Genève.* 1771, in-8. — *Genève (Francfort, Eslinger).* 1772, 2 vol. in-8. — *Genève.* 1772, 2 vol. in-12. — *Dresde, Walther.* 1779, 2 vol, in-12. — *Maestricht.* 1781, 2 vol. in-12. — *Paris, Moutard.* 1785, in-8. (Fait partie de l'ouvrage intitulé : *Histoire universelle depuis le commencement du monde;* t. LXXVIII (38e de l'*Histoire moderne*). — *Paris (Nicolle et Renouard), De l'imprimerie des frères Mame.* 1808, in-18, in-12 et in-8. (Édit. stéréotype d'Herhan, réimpr. en 1812). — *Paris, Dabo, Tremblay, Feret et Gayet.* 1819, in-12. (Édit. stéréotype). — *Paris, F. Didot.* 1850, in-18. Portr. (Avec l'*Histoire du Parlement de Paris*). — *Paris, Garnier frères.* 1880, in-18 jésus, suivi de l'*Histoire du Parlement.*

Le *Précis du siècle de Louis XV* a été aussi souvent réimprimé à la suite du *Siècle de Louis XIV.*

F. — HISTOIRE DU PARLEMENT DE PARIS.

432. HISTOIRE DU PARLEMENT DE PARIS, PAR M. L'ABBÉ BIG... *Amsterdam.* 1769, 2 vol. in-8 de 4 ff., vi et 246 pp. (t. Ier); de 4 ff. et 245 pp. (t. II). — Seconde édition, revue, corrigée et augmentée par l'auteur. *Amsterdam, J.-J. Du Fay.* 1769, 2 vol in-8. (Dans cette seconde édition, le chapitre LXVIIe (et dernier) a été remanié). — *Nouvelle édition,* etc. *Genève.* 1769, 2 vol. in-8. — Cinquième édition. *S. l.* 1769, in-8. — *Amsterdam, S. n.* 1770, 2 vol. in-8. — Sixième édition, corrigée. *Lausanne, Grasset.* 1770, 2 vol. in-12. (Le titre porte : *Histoire du Parlement de Paris depuis son établissement jusques à l'abolissement des Jésuites, par M. de Voltaire.*) — Sixième édition, corrigée. *S. l. (Genève).* 1771, in-8. — Huitième édition, revue, corrigée et augmentée par l'auteur. *Francfort, Jean Pontel.* 1770, 2 vol. in-8. (Le titre porte : *Histoire du Parlement de Paris, par M. l'abbé Bigore.* Bien qu'ayant le millésime 1770, cette édition doit être postérieure à l'édition *s. l. (Genève)* avec le millésime 1771.) — Nouvelle édition considérablement augmentée par l'auteur. *Londres (Genève).* 1773, in-8. — *Lausanne, Pott.* 1773, in-8. — *Paris, De l'imprimerie de F. Didot.* 1820, in-18. (Édit. stéréotype.) — *Paris, Lecointe.* 1830, in-18. — *Paris, Treuttel et Wurtz.* 1835, in-8.

L'*Histoire du Parlement de Paris* a été réimprimée en 1850, à la suite du *Siècle de Louis XV.* (*Paris. F. Didot,* in-18); et en 1880, à la suite du même ouvrage (*Paris, Garnier frères,* in-18).

G. — HISTOIRE DE CHARLES XII.

433. HISTOIRE DE CHARLES XII, ROI DE SUÈDE, PAR M. DE V***. *Basle, Chr. Revis (Rouen, Jore).* 1731, 2 vol. in-12 de iv, 355 pp. et 1 f. d'errata (t. Ier); — de 2 ff. non chiff., 363 pp. et 1 f. d'errata (t. II).

Voltaire écrivit l'*Histoire de Charles XII* pendant son séjour en Angleterre. L'impression du livre, commencée à Paris vers la fin de 1730, fut suspendue par ordre du garde des sceaux. On saisit la première partie de l'ouvrage, qui avait été tirée à 2,600 exemplaires, et Voltaire dut chercher à Rouen « un de ces imprimeurs qui font tout sans permission ». Cet imprimeur était Jore : c'est lui qui imprima la première édition de l'*Histoire de Charles XII*, publiée sous la rubrique de *Bâle.*

AUTRES ÉDITIONS DE L'HISTOIRE DE CHARLES XII :

Seconde édition, revue et corrigée par l'auteur. *Bâle, Revis (Rouen, Jore).* 1732, in-8. Portr. de Charles XII. (Le *Discours sur l'Histoire de Charles XII*, qui, dans la première édition, était à la fin du tome second, est, dans cette deuxième édition, en tête de l'ouvrage). — *Amsterdam, Aux dépens de la Cie.* 1732, 2 vol, in-8. — *Nouvelle édition, revue et corrigée par l'auteur, Basle. Chr. Revis.* 2 parties in-8. Portr. de Charles XII. — *Troisième édition, revue et corrigée par l'auteur. Basle, Revis (Rouen, Jore).* 1732, in-8. C'est la *deuxième édition,* avec un nouveau frontispice. — *Quatrième édition, revue et corrigée de plusieurs fautes qui s'étaient glissées dans les trois précédentes. Bâle, Revis.* 1732, 2 tomes in-8. — *Nouvelle édition, revue, corrigée et augmentée, par l'auteur, avec les remarques critiques de M. de La Motraye et les réponses de M. de Voltaire. Amsterdam, Aux dépens de la Cie.* 1733, 2 vol. in-8. — *Cinquième édition de Chr. Revis, etc... augmentée des critiques de La Motraye et des réponses à ces critiques. Basle, Revis (Rouen, Jore).* 1733, 2 tomes in-8. — *Septième édition de Chrystophe* (sic) *Revis. Basle, Chryst. Revis.* 1737, 2 tomes in-12. Portr. (Titre rouge et noir. Contrefaçon de la cinquième édition de Jore). — *Neuvième édition de Chr. Revis. Basle, Chr. Revis.* 1737, 2 tomes in-12 (Titre rouge et noir. Portr. Réimpr. en 1738). — *Basle, Chr. Revis.* 1740 et 1748, 2 tomes in-12. (Titre rouge et noir. Portr.). — *Amsterdam, Ledet. et Cie.* 1739, 2 vol. in-8. — *Huitième* (sic) *édition de Chryst. Revis. Basle, Chryst. Revis.* 1740, 2 tomes in-12. (Titre rouge et noir. — C'est la *septième édition de Chryst. Revis,* rajeunie au moyen d'un nouveau frontispice). — *Dixième édition de Chr. Revis.* 1740 et 1748, 2 tomes in-12. (Titre rouge et noir. Portr. C'est la *neuvième édition* (de 1738) rajeunie au moyen d'un nouveau frontispice). — *Nouvelle édition plus ample et plus correcte que toutes les précédentes, etc... Hambourg, Aux dépens de la Cie.* 1745, 2 tomes in-12 — *S. l. et s. n. (Paris, Lambert).* 1751, in-12. (Titre rouge et noir). — *Nouvelle édition, revue, corrigée et augmentée par M. de Voltaire. Berlin, chez M. Sansouci (Rouen).* 1755, 1764, 1770, in-12 et 2 tomes in-12. (Titre rouge et noir. Portr.) — *Genève, Les frères Cramer (Paris?).* 1760 et 1766, in-12. (Titre rouge et noir. Portrait de Charles XII). — *Nouvelle édition......, imprimée sur le manuscrit de l'auteur. Amsterdam, J. Desbordes.* 1760, 2 vol. in-12. Portr. — *Nouvelle édition, revue, etc...., par l'auteur. Dresde. G.-C. Walther.* 1761, in-8. — *Augsbourg.* 1769, in-8. (Histoire abrégée). — *Genève, les frères Cramer.* 1776 et 1788, 2 tomes in-12. — *Lausanne.* 1776, in-8 — *Dresde.* 1776 et 1780, in-8. — *Liège.* 1790, in-12. — *Leipzig.* 1790, in-8. — *Paris, Didot,* 1802, in-18 et in-12 (Édit. stéréotype). — *S. l.* 1802, in-12. — *Dresde, Walther.* 1803. in-8. — *Metz.* 1805, in-12. — *Londres, Stockdale.* 1807, in-8. Portr. — *Paris, H. Nicolle.* 1808, in-18, in-12 et in-8. Portr. et figg. (Édit. stéréotype). — *Nîmes.* 1810 et 1812, in-12. — *Avignon, Joly.* 1810, in-12. Portr. *Londres.* 1811, in-12. — *Leipzig.* 1816, in-8. (Édit. classique, 2e édit. 1820, 3e édit. 1830). — *Paris, Didot ainé.* 1818, in-8. — *Paris, Dabo et Tremblay.* 1819, et *Paris. Mme Dabo.* 1825, in-12. — *Zwickau.* 1820, 2 vol. in-16. Figg. — *Paris, Lebègue.* 1820, 2 vol. in-12. — *Strasbourg, Levrault.* 1821, in-18. (Édit. classique). — *Alais Martin.* 1821, in-12. — *Paris. Ménard et Desenne.* 1822, 2 vol. in-18. — *Londres.* 1824, 2 vol. in-18 (Édition donnée par M. Ventouillac et réimprimée en 1831). — *Londres.* 1821, 1 vol. in-12. — *Paris, Debure.* 1824, 2 vol. in-32. Portr. — *Londres. S. d.* (1825), in-12. (Édit. revue et corrigée par M. Catty). — *Paris, Dufour et Cie.* 1827, in-18. — *Paris, Lecointe.* 1820, in-18. — *Leipzig.* 1820. in-16. (Édit. classique avec un vocabulaire à l'usage des écoles, 2e édit. 1832). — *Paris. (Impr. de Gaultier-Laguionie).* 1830, in-12. — *Stuttgard, Steinkopf.* 1830, gr. in-12.

— *Paris, Hiard.* 1831, 2 vol. in-18. — *Francfort, Brönner.* 1831, in-8. (Édit.
stéréotype). — *Leipzig, Muller.* 1831, in-8. (Édit. classique donnée par le D᙮ Schia-
bler). — *Berlin, Dümmler.* 1832, in-12. — *Cologne, Dumónt-Schauberg.* 1832,
in-12. — *Londres.* 1832, in-24. — *Paris, Delalain.* 1832, in-18. (Édit. classique.
Ouvrage adopté par l'Université). — *Stuttgard, Erhard.* 1834 et 1838, in-16. —
Paris, Rion. 1835, 2 vol. in-32. — *Paris, Treuttel* et *Wurtz.* 1836, 2 vol. in-8.
— *Leipzig, Volckmar.* 1836, in-8. (Avec des notes grammaticales, etc., par
M. A. Thibaut, 4ᵉ édition. La *huitième édition* est de 1845; la *quinzième* (*Berlin,
Renger*), de 1856; la *vingtième* (*Ibid.*, id.), de 1869). — *Montbéliard, Deckherr.*
1836, 2 vol. in-18. — *Avignon, Offray aîné.* 1838, pet. in-12. — *Paris, Pougin.*
1839, in-18. — *Paris, Dufour.* 1840, in-12. — *Quedlinburg, Basse.* 1840 et 1866,
in-8. (Éd. abrégée donnée par M. J.-G.-Fr. Renner). — *Leipzig.* 1841, gr. in-12.
— *Leipzig, Baumgärtner.* 1841, in-8. — *Paris, Didot* et *Gosselin.* 1841, in-12.
Portr. (Avec l'*Histoire de Russie*). — *Paris, Fortin* et *Masson.* 1842 et 1845, in-18.
(Édit. stéréotype). — *Paris* (*Locquin*), 1842, in-12. — *Ibid.*, id., 1843, in-18. —
Francfort, Brönner. 1844, in-12. (Nouvelle édit. stéréotype.) — *Leipzig, Tauchnitz.* 1845, in-12. — *Leipzig, Brauns.* 1846, in-12. — *Tours, Pornin.* 1846, in-12.
Portr. — *Leipzig, Brauns.* 1847, gr. in-16. (Édition classique donnée par M. A. de
Saules. Réimpr. en 1855, 1864, 1870, 1874). — *Paris, Dezobry* et *Magdeleine.*
1847, in-12. (Édition de M. Geffroy, réimprimée en 1853, 1858, 1861, 1864, 1867,
1872, 1881). — *Édimbourg.* 1848, in-18. (Édition donnée par M. Surenne et
réimprimée en 1862). — *Paris, Delalain.* 1849, in-8. — *Paris, F. Didot.* 1850,
in-18. Portr. (Avec l'*Histoire de Russie*). — *Londres.* 1850, in-12. (Édition donnée
par M. du Gue). — *Francfort, Brönner.* 1850, gr. in-10. (Édition donnée par
M. J. Holfa). — *Leipzig, Fleischer.* 1851, in-8. — *Paris* (*impr. de Delalain*). 1851,
in-12. Édition donnée par M. Genouille, pour les aspirants au baccalauréat. —
Paris, Hachette. 1852 (1851), in-12. (Édition donnée par M. Brochard-Dauteville).
— *Paris, Barba.* 1852 et 1864, in-4. Figg. — *Paris, Borrani* et *Droz.* 1853. in-18.
— *Paris, Hachette.* 1854, in-12. (Édition donnée par M. Brochard-Dauteuille, et
réimprimée en 1857, 1859, 1862, 1863, 1865, 1867, 1869, 1878, 1880). — *Tours,
Mame.* 1854, in-12. Figg. (Édit. corrigée; réimprimée en 1857, 1859 (*Paris*) 1861,
1863, 1867, 1872).-- *Londres.* 1854, in-8 (avec des notes par M. Direy). — *Londres.*
1855, in-16 (avec des notes par M. Bertrand). — *Paris, F. Didot.* 1856, in-16. —
Paris, Delalain. 1856, in-12. (Édition Genouille.) — *Paris, Delalain.* 1857, in-24.
(Édition F. Estienne). — *Leipzig, Fleischer.* (1858), in-16. (Édition donnée par
M. E. Hoche. Treizième édition. Réimpr. en 1863, 1867, 1870, 1875). — *Leipzig,
Tauch-uitz.* 1859, in-16. — *Paris, Borrani.* 1859, in-18. — *Paris, Belin.* 1860, in-12.
(Édition de M. L. Grégoire; réimpr. en 1872, 1873, 1877, 1880). — *Paris, Dubuis-
son* et *Cⁱᵉ.* 1863, 2 vol. in-32. (*Bibliothèque nationale.* Réimpr. en 1864, 1865,
1866, etc...). — *Breslau, Max* et *Cⁱᵉ.* 1854, gr. in-8. (Édition épurée, donnée par
MM. Jaeger et Peucker). — *Paris, Garnier frères.* 1866, 1877, 1880, in-18 jésus.
— *Leipzig, Berndt.* 1866, gr. in-16. — *Altenburg.* (de 1865 à 1869), in-8. —
Londres, G. Tegg. 1869, in-8. (Édition donnée par M. le chevalier Le Chatelain).
— *Munster* (de 1870 à 1876), in-16. — *Liegnitz.* 1875, gr. in-8. (Édition donnée
par M. Alfr. Van der Velde). — *Limoges, Eug. Ardant* et *Cⁱᵉ.* 1877 et 1879, in-8.
— *Paris, Garnier frères*, 1881, in-18. (Édition donnée par M. Merlin avec notes et
cartes, réimprimée en 1882[1]).

_____

1. Deux éditions classiques de l'*Histoire de Charles XII* ont été aussi données en Suède
(voyez le tome II de notre *Bibliographie des OEuvres de Voltaire :* AVERTISSEMENT).

II. — HISTOIRE DE L'EMPIRE DE RUSSIE.

134. HISTOIRE DE L'EMPIRE DE RUSSIE SOUS PIERRE LE GRAND. PAR L'AUTEUR DE L'HISTOIRE DE CHARLES XII. Tome premier *S. l. (Genève).* 1759, in-8 de XXXIX, 302 pp. et 1 f. d'errata. Titre rouge et noir. Frontispice gravé, 2 cartes de Russie. — Tome second. *S. l. (Genève).* 1763, in-8 de 2 ff., XVI et 318 pp.

En 1718, Voltaire avait fait paraître dans le tome IIe de l'édition de ses *OEuvres* donnée par *Walther*, à *Dresde*, des *Anecdotes sur le czar Pierre le Grand.*

C'est en 1757 que Voltaire fut chargé par le comte Béstoujéf, ambassadeur de Russie à Paris, d'écrire une histoire de la Russie sous Pierre le Grand. Le tome Ier, imprimé en 1759, ne parut qu'en 1760. — Ce tome Ier a été aussi tiré dans le format in-12 sous le titre suivant : *Histoire de l'Empire de Russie sous Pierre le Grand. S. l. (Genève.)* 1759. (XI. et 291 pp.) Portrait de Pierre le Grand, gravé par Danzel. Le tome second de l'édition in-12 porte l'adresse de *Panckoucke*, à *Paris, et le millésime* 1763.

AUTRES ÉDITIONS DE L'HISTOIRE DE L'EMPIRE DE RUSSIE :

S. l. (Lyon). 1761 et 1763, 2 vol. in-12. — *Amsterdam, Aux dépens de la Cie.* 1761, in-8. (Tome Ier seul. Titre rouge et noir.) — *Leipzig, Fr. Laukisch et héritiers.* 1761 et 1764, 2 vol. in-8. — *Leipzig, Brockhaus.* 1764, 2 vol. in-8. — *S. l.* 1764, in-8. (Réimpression du 2e volume seul, sous le titre de : *Suite de l'Histoire de l'Empire de Russie,* etc.) — *S. l. (Genève).* 1765, 2 vol. in-8. — *Amsterdam.* 1765, 2 vol. in-12. — *Lausanne, Grasset et Cie.* 1771, in-8. (Réimpr. avec l'adresse de *Pott*, à *Lausanne* en 1778 et en 1787.) — *S. l. (Genève).* 1773, 2 vol. in-8. — *Amsterdam.* 1780, in-12. (C'est le tome 2e de 1763 (édition lyonnaise) rajeuni au moyen d'un nouveau frontispice). — *Paris, P. et F. Didot.* 1803, 2 vol. in-18. (Édition stéréotype tirée aussi dans le format in-12 et réimprimée en 1815, 1828, 1830 (*Bossange*), 1833, 1836 (*V. Masson*) 1810 (*Fortin, Masson et Cie*). — *Paris* (*Nicolle et Belin*), de l'imp. de *Mame frères.* 1809, in-18, in-12 et in-8. (Édit. stéréotype d'*Herhan*. Réimpr. en 1813, 1824 (*Mme Ve Dabo*, etc.) — *Londres.* 1808, in-12. — *Paris, Menard et Desenne.* 1821, 2 vol. in-18. — *Leipzig, Fleischer.* 1825 et 1850, in-8. (Édition scolaire.) — *Londres.* 1825, 2 vol. in-18 (édition Ventouillac, réimpr. en 1831). — *Paris, Levrault.* 1826, in-18. Portr. — *Paris, Touquet et Brière.* 1826, in-32. (Abrégé.) — *Londres.* 1828, in-12. — *Paris, Lecointe.* 1829, 2 vol. in-18. — *Stouttgart* (sic). 1830, in-8. — *Paris, Hiard.* 1831, 2 vol. in-18. — *Londres.* 1833, in-24. — *Paris, les Marchands de nouveautés.* 1835, in-8. — *Paris, Treuttel et Wurtz.* 1836, in-8. — *Paris, Pougin.* 1838, in-12. — *Stuttgard, Erhard.* 1840, in-12. — *Paris, Didot et Gosselin.* 1844, in-12. Portr. (Voy. *Histoire de Charles XII,* éd. de 1841.) — *Francfort, Ullmann.* 1842, in-12. — *Leipzig, Tauchnitz.* 1845, in-8. — *Londres.* 1850, in-18 et 1851 in-12. — *Édimbourg, Simpkin, Marchall et Cie.* 1856, in-12. (Édition revue par M. Surenne.) — *Londres et Edimbourg.* 1855 et 1859, in-8. — *Paris, Dubuisson et Marpon.* 1864, 2 vol. in-32. (*Bibliothèque nationale.* Réimp. en 1865.) — *Limoges, Ardant.* 1876 et 1879, gr. in-8 (Avec des extraits de l'*Histoire de Charles XII.* Édition revue par E. du Châtenet.)

IV. — DICTIONNAIRE PHILOSOPHIQUE ET QUESTIONS SUR L'ENCYCLOPÉDIE.

A. — DICTIONNAIRE PHILOSOPHIQUE.

135. DICTIONNAIRE PHILOSOPHIQUE PORTATIF. *Londres (Genève).* 1764, in-8 de VIII et 344 pp.

Cette première édition comprend 73 articles.

AUTRES ÉDITIONS DU DICTIONNAIRE PHILOSOPHIQUE :

Londres. 1764. in-8 de 272 pp. — *Londres.* 1765, pet. in-8 de 6 ff. et 364 pp. — *Londres (Nancy).* 1765, in-8 de 4 ff. et 336 pp. — *Londres.* 1765, in-8 de 2 ff et 308 pp. (Ces trois dernières éditions sont augmentées de huit articles.) — *Amsterdam, Varberg.* 1765, 2 vol. in-12. (Édition augmentée d'une *Préface des éditeurs,* d'un *Avis au lecteur* et de 15 articles.) — *Londres.* 1765, 2 vol. in-12. — *Berlin. Nusans,* 1765, 2 vol. in-12, plus un *Supplément* de 31 pp. — *Londres.* 1767, 2 parties en 1 vol. in-8. (Sixième édition augmentée de 34 articles.) — *Londres. S. d.,* In-8 de 4 ff. et 88 pp. (Supplément à l'édition de 1765.) — *S. l. Genève).* 1769, 2 vol. in-8. (Sixième édition revue, etc.; elle est intitulée : *La Raison par alphabet.* On trouve dans le tome II e (pp.197-339) l'*A BC* (Voy. *Mélanges.*) — *Londres.* 1770, 2 vol. in-8. (Réimpression de l'édition de 1769 (moins l'*ABC*) sous le titre de : *Dictionnaire philosophique ou la Raison par alphabet*). — *S. l.* 1770 et 1773, 2 vol. in-8. (*La Raison par alphabet.*) — *S. l.* 1776, 2 vol. in-12. (*La Raison par alphabet en forme de dictionnaire.*) — *S. l.* 1776, in-8. (*La Raison par alphabet ou Supplément aux questions sur l'Encyclopédie, attribué à divers hommes célèbres.*) — *Amsterdam. Marc-Michel Rey.* 1789, 8 vol. in-12. — *S. l.* 1795, 8 vol. in-8. — *Paris, P. et F. Didot.* 1813, 14 vol. in-18. (Éd. stéréotype). — *Paris, Ménard et Desenne.* 1827. 14 vol. in-18. — *Paris* (de l'imp. de Doyen). 9 vol. in-16. — *Paris, Hiard.* 1833, 4 vol. in-18. — *Paris.* 1874 et 1877, 2 vol. in-32. (Extrait du *Dictionnaire philosophique* sous le titre de *Les Homélies de Voltaire* par Victor Poupin.

B. — QUESTIONS SUR L'ENCYCLOPÉDIE.

136. QUESTIONS SUR L'ENCYCLOPÉDIE PAR DES AMATEURS. *S. l. (Genève).* 1770-1772, 9 vol. in-8.

S. l. (Genève.) 1771-1772, 9 vol. in-8. — *Londres.* 1771-1772, 9 vol. in-8. — *Genève.* 1777, 6 vol. in-12. — *Lausanne, Pott.* 1770, 8 vol. in-8.

Voltaire a reproduit, dans les *Questions sur l'Encyclopédie,* non-seulement un assez grand nombre des articles du *Dictionnaire philosophique* et de *la Raison par alphabet,* mais encore quantité de morceaux empruntés à divers de ses écrits en prose et en vers.

V. — ROMANS.

137. Memnon, histoire orientale. *Londres (Paris), pour la Compagnie.* 1747, in-8 de 2 ff. et 172 pp.

Londres, pour la Compagnie. 1748, in-8. — *Francfort, Knoch.* 1748, in-12, *Leipzig.* 1748, in-8. — *Bar-le-Duc, V. Damblard et fils.* 1773, in-8.

138. Zadig, ou la Destinée, histoire orientale. *S. l. (Nancy, Lescure?).* 1748, in-12 de 6 ff. et 195 pp.

Zadig est le même ouvrage que *Memnon;* mais *Zadig* a de plus que *Memnon* les chapitres xi, xii et xiv. — Voyez d'autres différences à la fin des chapitres iv, v, viii et au commencement des chapitres xii (de *Memnon*) et xv (de *Zadig*).

AUTRES ÉDITIONS DE ZADIG :

S. l. 1748, in-12 de viii, 1 f. et 178 pages. — *S. l.* 1749, in-12. — *Londres.* 1756, pet. in-8 (sous le titre de : *La Destinée, ou le théâtre de la vie humaine*). — *Londres.* 1772, in-8. — Imprimé à *Ruien en Livonie.* 1780, in-16. — *Berlin.* 1792, in-8. — *Londres, Polidori.* 1799, in-32. Portrait et figg. — *Paris, Hachette.* 1853, in-18. — *Paris, Marpon.* 1865, in-32 (*Bibliothèque nationale,* t. IV des *Romans de Voltaire.*) — *Paris, Jouaust.* 1878, in-16. Figg. (Suivi de *Micromégas.*)

139. Le Micromégas de M. de Voltaire. *Londres, s. d.* (1752), in-12 de 1 f. et 92 pp. Titre gravé.

Le Micromégas de M. de Voltaire avec une Histoire des Croisades et un nouveau plan de l'Esprit humain par le même. *Londres.* 1752, petit in-8 de 1 f. et 257 pp., ou *Berlin.* 1753, pet. in-8 de 1 f. et 254 pp. — Micromégas par M. de Voltaire, *Berlin, Aux dépens de l'auteur.* 1750 (1752), in-8 de 48 pp. — *Paris, Sanson.* 1826, in-32. (Voy. aussi *Zadig.*).

140. Candide ou l'Optimisme, traduit de l'allemand de M. le docteur Ralph. *S. l. (Genève, Cramer).* 1759, in-12 de 299 pp. Première édition.

Le fleuron du titre est répété pp. 203 et 260; le fleuron de la p. 86 (une corbeille inclinée) est répété p. 115; le fleuron de la page 64 (tambour, drapeaux, cuirasse et autres attributs militaires) est répété pp. 122, 179 et 221.

AUTRES ÉDITIONS DE CANDIDE :

S. l. (Londres ?). 1759, in-12 de 299 pp. (Le fleuron du titre, deux *E* entrelacés, surmontés d'une couronne, est répété p. 31 et p. 279). — *S. l.* 1759, in-12 de 299 pp. (fleurons: p. 131 une corbeille de fruits; p. 228 deux cornes d'abondance entrelacées; le fleuron de la page 213, signé *N. C.,* est répété p. 270. Les feuilles F et G sont d'une justification plus grande et d'un caractère plus fort). — *S. l. (Paris, Lambert).* 1759, in-12 de 237 pp. et 3 pp. non chiff. (p. 104 le mot *Apercevant* est écrit avec deux *p*). — *S. l. (Paris.* 1759), in-12 de 237 pp. et 3 pp. non chif. (La p. 45 est paginée 25 et la page 123, 223). — *S. l. (Paris.)* 1759, in-12 de 237 pp. et 3 pp. non chif. (Réimpression de l'édition précédente. La p. 45

est bien paginée, mais il y a toujours un défaut de pagination page 123). — *S. l.* (*Paris.*) 1759, in-12 de 237 pp. et 3 pp. non chif. (p. 84, ligne 15 : « *Qui a une très-belle moustache* » devrait être ligne 13). — *S. l.* 1759, in-12 de 315 (215) pp. — *S. l.* 1759, pet. in-12 de 301 pp. — *Londres.* 1759, in-8 de 166 pp. — *S. l.* 1759, in-12 de 125 (215?) pp. — *S. l.* 1760, in-12 de 166 pp. et 4 pp. non chif. — *Genève.* 1760, in-12 de 234 pp. et 3 pp. de table. — *S. l.* 1761, in-12 de 259 pp. (Avec la seconde partie de *Candide. S. l.* 1761, in-12 de 130 pp. ¹ Cette seconde partie a été attribuée à *Thorel de Campigneulles*, qui l'a désavouée.) — *Aux Délices.* 1763, petit in-8 (avec la seconde partie. *S. l.*, 1761, pet. in-8). — *S. l.* 1763, in-12 (avec la seconde partie. *S. l.* 1763, in-12). *S. l.* — 1769, in-12 (avec la seconde partie). — *S. l.* 1771, in 8 (avec la seconde partie). — *S. l.* 1771, in-12 (avec la seconde partie). — *Londres,* 1772, in-8. — *S. l.* 1775, in-8. — *S. l.* 1775. in-12. — *Berlin, Himbourg.* 1778, pet. in-8 (avec la seconde partie et les figg. de Daniel Chodowiecky). — *Lille.* 1793, in-8. — *Zwickau.* 1818, deux vol. in-16, figg. — *Paris, Caillot et Delarue.* 1822 et 1829, 2 vol. in-18 figg. — *Paris, Sanson.* 1820, in-32. — *Paris, San-Iré.* 1815, in-18. — *Paris, Havard.* 1818, in-4 (Romans illustrés : *Candide et Micromégas*). — *Paris, Dubuisson et Cⁱᵉ; Marpon.* 1867, in-32. Tome I des *Romans de Voltaire* (*Bibliothèque nationale*). — *Paris, Académie des bibliophiles* (*Jouaust*). 1869, in-8. (Portr. Titre rouge et noir). — *Paris, Degorce-Cadot.* 1874, in-18 et in-4 à deux colonnes. — *Paris, Delarue.* 1877, in-12. — *Paris, Jouaust.* 1878, in-16 figg. (*Petite Bibliothèque artistique*).

141. L'INGÉNU, HISTOIRE VÉRITABLE TIRÉE DES MANUSCRITS DU PÈRE QUESNEL. *Utrecht (Genève).* 1767, in-8 de VII pp., 1 p. non chiff. pour l'errata et 240 pp. Édition encadrée. Première édition.

Utrecht. 1767, in-8 de 1 f., v, et 208 pp. — *Utrecht,* in-8 de IV, 155 pp. et 1 p. non chiff. — *Genève (Londres ?).* 1767, in-8 de IV et 132 pp. — *Londres (Dresde, Walther),* in-8 de IV et 89 pp. — LE HURON OU L'INGÉNU. Seconde édition *Lausanne* (*Paris*). 1767, in-8 de 2 ff. non chiff. et 118 pp. (Première partie); — de 2 ff. non chiff. et 120 pp. (Seconde partie).

    Les faux titres portent :

    L'Ingénu. Première partie.

    L'Ingénu. Seconde partie.

    Sur cette édition voyez la *Correspondance de Grimm,* édit. Tourneux, t. VII, pp. 417-418.

AUTRES ÉDITIONS DE L'INGÉNU :

Lausanne (Paris). 1767, in-8 de 2 ff. non chiff. et 102 pp. (Première partie); de 2 ff. non chiff. et 96 pp. (Seconde partie, texte encadré ²). — Nouvelle édition *Genève.* 1767, in-8 de 2 ff. non chiff. et 59 pp. (Première partie); de 2 ff. non chiff. et 59 pp. (Seconde partie). — *Londres.* 1767, in-8, de 2 ff. non chiff. et 56 pp. (Première partie); de 56 pp. (Seconde partie). — *Lausane* (sic). 1767 et 1768, 2 parties in-12 de 1 f. de titre et 99 pp. (Première partie); de 1 f. de titre et 87 pp. (Seconde partie). — *Breslau, Korn.* 1768, in-8. — *Copenhague, Proft.* 1768, in-8. — *Londres.* 1772, in-8. — *Anspach, Haueisein.* 1785, in-8. — *Paris, Jouaust.* 1878, in-16. Figg. (*Petite Bibliothèque artistique.*) — (*Paris,* 1881) in-4.

----

1. Une autre édition de cette *Seconde partie. S. l.* (*Londres ?*), 1761, in-12, a 132 pp.
2. Une autre édition, publiée également sous la rubrique *Lausanne* (*Seconde édition,* 1767, in-8), n'a que 2 ff. de titre et 100 pp. Le roman n'y est pas divisé en deux parties. — Citons encore une édition de *Lausanne.* 1768, in-12 de 93 et de 94 pp. (1ʳᵉ et 2ᵉ parties).

142. L'HOMME AUX QUARANTE ÉCUS. *S. l. (Genève).* 1768, in-8 de 2 ff. non chiff. et 120 pp.

Des fragments de *l'Homme aux quarante écus* ont été imprimés dans le *Mercure* de juillet et d'août 1768.

Il existe de la première édition de *l'Homme aux quarante écus* une réimpression également en 120 pp. dans laquelle les fautes signalées dans l'errata de la première édition sont corrigées. Néanmoins on a laissé subsister l'errata. Cet errata ne se trouve plus dans une réimpression en 119 pp. *S. l. (Genève)* 1768.

AUTRES ÉDITIONS DE *l'Homme aux quarante écus* : *S. l.* 1768, in-8 de 2 ff. et 119 pp. (Contrefaçon de l'édition précédente). — *S. l.* 1768, in-8 de 2 ff. non chiff. et 121 pp. — *S. l.* 1768, in-8 de 121 pp. (Titre encadré). — *S. l.* 1768, in-8 de 1 f. et 106 pp. — *S. l.* 1768, in-8 de 95 pp. — *Paris.* 1768, in-8 de 2 ff. non chiff. et 92 pp. (*Avec la permission de la docte chambre syndicale et de Messeigneurs les gras Fermiers généraux*). — *Londres.* 1768, in-8 de 2 ff. et 89 pp. — *Genève (Amsterdam).* 1768, in-8 de 80 pp. — *Genève.* 1768, in-8 de 2 ff. non chiff. 58 pp. et 1 p. non chiff. — *Reims, Brigot, et Paris, les Marchands de nouveautés.* An III de la République, in-12. — *Paris, Dufart.* An V (1797), pet. in-12. — *Paris, les Marchands de nouveautés.* 1820, in-32. — *Paris, Maurier.* 1835, in-18 (*L'Homme aux quarante écus et Cosi-Sancta*). — *Paris, Librairie de la Bibliothèque nationale.* 1867, in-32 (tome II des *Romans de Voltaire*).

143. LA PRINCESSE DE BABILONE. *S. l. (Genève, Cramer).* 1768, in-8 de 2 ff. non chiff. et 182 pp.

Cette première édition est divisée en 11 paragraphes, sans intitulés ni sommaires.

LE MÊME OUVRAGE : *Genève (Londres?).* 1768, in-8 de 181 pp. — *S. l. (Paris)* et s. d. (1768), in-12 de 177 pp. — *Genève (Paris).* 1768, in-8 (sous le titre de : *Voyages et Aventures d'une princesse Babylonienne pour servir de suite à ceux de Scarmentado. Par un vieux philosophe qui ne radote pas toujours*). — *Londres (Dresde).* 1768, in-8 de 144 pp. (Avec la *Lettre de l'archevêque de Cantorbéry à l'archevêque de Paris.*) — *Londres (Amsterdam?).* 1768, in-8 de 1 f. et 100 pp.— *Rome. Avec la permission du Saint-Père.* 1768, in-8. (Avec la même *Lettre*). — *Londres.* 1772, in-8. — *Lille, les principaux libraires.* 1812, in-18. — *Paris, Plancher et Roulet.* 1815, in-18.—Seconde édition. *Id. ibid.* 1815, in-18. Fig. — Troisième édition id., *Plancher, Delaunay.* 1816, in-18. Fig. (Sous le titre de : *Voyages de la Princesse de Babylone et aventures galantes de son cher Amazan.*) — *Paris, Maurier.* 1835, in-18. — *Paris, Dubuisson, Marpon.* 1865, in-32 (tome III des *Romans de Voltaire.*) — *Paris, Jouaust,* 1878, in-16. Figg. (*Petite Bibliothèque artistique.*)

144. LES LETTRES D'AMABED, ETC., TRADUITES PAR L'ABBÉ TAMPONET. *S. l. (Genève)* et s. d. (1769), in-8 de 118 (lisez 94) pp.

La page 8 est paginée 32, la page 9, 33, et ainsi de suite. Fait aussi partie du tome Ier des *Choses utiles et agréables. Berlin (Genève).* 1769. Cf *Nouveaux Mélanges,* t. VIII (de 1769) et *Évangile du jour,* t. VI, (de 1769).

LES LETTRES D'AMABED, ETC. : *Dresde, Walther.* 1769, in-8. — *Genève.* 1770, in-8. — *Londres.* 1772, in-8. — *Paris, Jouaust.* 1878, in-16, figg. (suivies du *Taureau blanc. Petite Bibliothèque artistique*).

145. LE TAUREAU BLANC, TRADUIT DU SYRIAQUE PAR DOM CALMET. A *Memphis (Genève).* 1774, in-8 de 101 pp.

> Réimpr. dans les *Nouveaux Mélanges* (t. XIV) sous ce titre : *Conte nouveau traduit du syriaque par dom Calmet.*

> AUTRES ÉDITIONS DU *Taureau blanc* : *Memphis.* 1774, petit in-8 de 97 pp. — *Londres (Genève).* 1774, in-8 (sous ce titre : *Le Taureau blanc, traduit du syriaque par M. Mamaki, interprète du roi d'Angleterre pour les langues orientales.* Édition avec sommaires et de nouvelles notes, donnée par Voltaire). — *Memphis (Amsterdam).* 1774, in-8 de 48 pp. — *S. l.* 1774, in-8 de 1 f. de titre et 83 pp., plus I. pages paginées I à L. — *Memphis (Paris).* 1774, in-8 de LXIV pp. — *Paris, Gustave Havard.* 1849, in-4. Figg. (Suivi de *Jeannot et Colin.* Romans illustrés anciens et modernes.)

146. HISTOIRE DE JENNI, OU LE SAGE ET L'ATHÉE, PAR M. SHERLOC. TRADUIT PAR M. DE LA CAILLE. *Londres (Genève).* 1775, in-8 de 2 ff. et 105 pp.

> *Londres.* 1776, in-8. (Suivie d'une *Nouvelle Diatribe sur l'agriculture...* du *Dimanche ou les filles de Minée...* et d'une *Lettre de M. de La Visclède,* etc.) — *Paris, Dubuisson et Marpon.* 1865, in-32. (Collection de la *Bibliothèque nationale,* tome V des *Romans de Voltaire.*)

ÉDITIONS COLLECTIVES DES ROMANS DE VOLTAIRE.

147. RECUEIL DES ROMANS DE M. DE VOLTAIRE, CONTENANT BABOUC, ETC. *S. l. (Paris).* 1764, 2 vol. in-12.

148. RECUEIL DE ROMANS MORAUX ET PHILOSOPHIQUES PAR VOLTAIRE. *Neufchâtel.* 1774, 2 vol. in-12.

149. ROMANS ET CONTES PHILOSOPHIQUES. *Londres.* 1772, 2 vol. in-8.

Londres. 1775, 2 vol. in-12, portr. — *Londres.* 1777, 2 vol. in-12. — *Bouillon, Aux dépens de la Société typographique.* 3 vol. in-8 (fleurons, 13 vignettes, 57 figg.). — *Id., ibid.,* 3 vol. in-12 (sans figg.). — *Bâle, Flick.* 1778, 2 vol. in-8. — *Paris, de l'imprimerie de Didot l'aîné.* 1780, 6 vol. in-18 (de la collection du comte d'Artois). — *Londres.* 1781, 3 vol. in-18 (Cazin; frontisp.). — *Londres.* 1781 et 1789, 4 vol. in-18. — *Lyon, Am. Le Roy.* 1790, 6 vol. in-18. — *Port-Malo, Hovius, an III,* 4 vol. in-18, figg. — *Paris.* 1797, 6 vol. in-18. — *Paris, Didot.* An VIII (1800), 3 vol. in-18 et in-12 (édit. stéréotype). — *Paris, Mame (ou Nicolle).* 1803 et 1809, 4 vol. in-18 et 2 vol. in-12 ou in-8 (édit. stéréotype d'Herhan). — *Paris, Dabo et Tremblay.* 1819, 2 vol. in-12. — *Paris, impr. de Didot aîné.* 1821, 3 vol. in-18. — *Paris, Caillot fils et Delarue.* 1822, ou *Paris, Caillot fils,* 1828, 2 vol. in-18 (réimpr. en 1834). — *Paris, Ménard et Desenne fils.* 1823, 4 vol. in-18. — *Paris, Baudouin frères.* 1827, 2 vol. in-8. — *Paris, Lecointe.* 1829, 4 vol. in-18. — *Paris, Hiard.* 1831, 4 vol. in-18. — *Paris, Treuttel et Wurtz.* 1833, 2 vol. in-8. — *Stuttgard, Erhard.* 1835, 3 vol. in-16. — *Paris, Jannet.* 1853-1854, 2 vol. in-16. — *Paris, Dubuisson et Marpon.* 1864-1865, 5 vol. in-32 (Réimpr. en 1866, 1867, etc.). — *Paris, Le Chevalier,* 1867, 1 vol. gr. in-8 illustré. — *Paris, Garnier frères.* 1865 et 1868, in-18 jésus. — *Paris, Gennequin fils.* 1877, 2 vol. gr. in-8. — *Paris, Lemerre.* 1877-1879, 3 vol. petit in-12. — *Paris, Jouaust.* 1878, 5 vol. in-16. Figg.

VI. — MÉLANGES.

150. LETTRE DE Mr TIRIOT *(sic)* A Mr L'ABBÉ NADAL. *S. l. n. d.,* in-12 de 4 pp. non chiff.

Cette Lettre, datée du 20 mars 1725, est de Voltaire. Voyez Desnoires-terres, *la Jeunesse de Voltaire,* pp. 318-319.

151. ESSAI SUR LES GUERRES CIVILES DE FRANCE, TIRÉ DE PLUSIEURS MANUSCRITS CURIEUX. TRADUIT DE L'ANGLAIS DE M. DE VOLTAIRE (par l'abbé Granet). *La Haye, G. de Merville.* 1729, in-8 de 60 pp. — ESSAY SUR LA POÉSIE ÉPIQUE. TRADUIT DE L'ANGLAIS DE Mr DE VOLTAIRE. PAR M*** (l'abbé Desfontaines). *Paris, Chaubert.* 1728, in-12 de 4 ff. non chiff. et 170 pp.

Ces deux ouvrages parurent d'abord en anglais, sous le titre suivant : *An Essay upon the civil Wars of France extracted from curious Manuscripts. And also upon the Epick poetry of the European nations from Homer down to Milton, by M. de Voltaire. London.* Printed by *S. Jallasson.* in-8 de 1 f. de titre et 130 pp. Pp. 1-35, *The History of the civil wars;* pp. 37-130, *An Essay on epick Poetry.*

AUTRES ÉDITIONS ANGLAISES.

London. 1728, in-8. *(Second edition corrected).* — *London.* 1731, in-8 *(Fourth edition corrected).* — *Dublin.* 1760, in-8. (To which is prefixed a short Account of the Author by J. S. D. D. D. S. P. D. (Jonathan Swift, dean of St Patrick's. Dublin).

Quérard et Lowndes *(Bibliogr. Volt.* p. 79; — *The Bibliographer's Manual,* V, 2791), disent que l'édition de 1727 parut à Londres, en *anglais* et en *français.* C'est une erreur. L'*Essai sur la poésie épique* fut traduit par l'abbé Desfontaines en 1728 (l'approbation du censeur pour l'*Essai sur la poésie épique, traduit de l'anglais,* etc., est du 23 avril 1728). La traduction de l'*Essai sur les guerres civiles* ne parut qu'en 1729. La *Bibliothèque française,* t. XIII (*Amsterdam,* 1729, p. 127) nous apprend que le censeur royal de Paris n'avait pas permis l'impression de la traduction de l'*Essai sur les guerres civiles,* et qu'on dut faire paraître cette traduction en Hollande.

Une seconde édition de la traduction française de l'*Essai sur les guerres civiles* fut publiée en 1731. (Voy. *Le Nouvelliste du Parnasse,* édition de 1734, II, 56); en 1768 l'*Essai sur les guerres civiles* fut réimprimé dans le tome VIIe des *Nouveaux Mélanges,* pp. 328-357.

Quant à l'*Essai sur la poésie épique,* Voltaire, après avoir corrigé la traduction de l'abbé Desfontaines, l'inséra en 1732 dans l'édition de ses OEuvres publiée à *Amsterdam* chez *Ledet* (ou *Desbordes),* 2 vol. in-8. Dans cette réimpression, l'*Essai sur la poésie épique* est intitulé : *Essai sur la poésie épique de toutes les nations, écrit en anglais par M. de V***, en 1726, et traduit en français par M. l'abbé Desfontaines.*

En 1733, l'*Essai sur la poésie épique,* « *retravaillé en français et considérablement augmenté par l'auteur* » (*Mercure* de juin 1733) fut réimprimé à la suite de la *Henriade,* éd. de *Londres, Innis (Rouen, Jore),* pp. 231-317.

L'*Avis au lecteur,* imprimé en tête de l'édition anglaise des deux *Essais* de Voltaire, a été traduit par Desfontaines et mis au devant de l'*Essai sur la poésie épique* (*Paris, Chaubert.* 1728); mais cette traduction est infidèle et incomplète. (Voy. le n° suivant.)

452. Lettres philosophiques par M. de V***. *Amsterdam, Lucas (Rouen, Jore),* 1734, in-8 de 2 ff. non chiff. et 387 pp.

Les *Lettres philosophiques* parurent d'abord en anglais, sous le titre suivant : *Letters concerning the english nation by M. de Voltaire. London. Printed for C. Davis and A. Lyon.* 1733, in-8 de 8 ff. prélim., 253 pp. et 9 ff. non chiff. pour l'*Index* (alphabétique) et l'*Errata.*

AUTRES ÉDITIONS ANGLAISES.

Dublin. 1733 et 1740, in-12. — *Glascow.* 1752, in-8 et 1759, in-12. — *London.* 1778, in-12, etc.

L'édition anglaise de 1733 est due aux soins de Thieriot. Selon l'abbé Prévost, l'original écrit par Voltaire en français fut traduit en anglais par Lockman (*Le Pour et Contre,* 1733, t. I, p. 212). La *Préface* mise par Thieriot au devant de la première édition anglaise (voy. Voltaire à Thieriot, 11 juillet 1733), n'a pas encore été traduite en français. Un passage de cette *Préface* nous apprend que les *Lettres philosophiques* ont été écrites entre la fin de l'année 1728 et l'année 1731. « *Several Particulars which are mentioned in them make it necessary for us to observe, that they were written between the latter end of 1728, and about 1731.* » Cf Voltaire à Thieriot, 24 juillet 1733. Cependant l'auteur a donné à la XIe Lettre et à la XXe la date de 1727. Il est certain que dès 1727, Voltaire songeait à écrire les *Lettres philosophiques.* Dans l'*Avis au lecteur,* qu'il fit imprimer en tête de l'édition anglaise de l'*Essai sur les guerres civiles* et de l'*Essai sur la poésie épique* (cet *Avis* est de 1727), Voltaire, après avoir parlé des grands hommes qui honoraient l'Angleterre, ajoutait : « Tous ceux qui ont eu l'honneur et le bonheur de connaître l'un d'entre eux, et qui voudront bien m'instruire de quelque particularité de leur vie... auront droit non-seulement à ma reconnaissance, mais encore à celle du public. Je serai également très obligé à tous ceux qui voudront bien me donner des informations sur les nouvelles découvertes et entreprises qui ont déjà obtenu du succès ou qui en méritent. Je citerai mes auteurs, ou je tairai leur nom, selon qu'on m'en exprimera le désir. » Ce passage n'a pas été traduit par l'abbé Desfontaines.

La première édition anglaise des *Lettres philosophiques* (*Letters concerning the English nation, etc.*), contient vingt-quatre *Lettres;* au bas de la XXIVe Lettre, on lit le mot : *Finis.* Puis vient la *Lettre sur l'incendi) d'Altena* (*Letter concerning the burning of Altena,* pp. 215 et suivantes [1].

Beuchot croyait que les *Lettres philosophiques* avaient été imprimées, dès 1731, à *Rouen,* chez *Claude-François Jore.* Il se trompait. Jore n'imprima les *Lettres philosophiques* qu'en 1733 (voy. Voltaire à Cideville, 12 et 21 avril; 21 et 29 mai; 19 juin; 1er juillet 1733).

L'impression en était achevée au mois de mai. (La XXVe *Lettre* (sur les *Pensées de M. Pascal*) fut envoyée à Jore en juillet, c'est-à-dire lorsque l'ouvrage était déjà imprimé; aussi lit-on le mot *fin* au bas de la XXIVe *Lettre.* Le commencement de la lettre XXVe est imprimé en caractères plus gros.

L'édition en 387 pp. a été certainement donnée par Jore : le fleuron du titre est le même que celui qui se trouve sur le frontispice du tome Ier de l'*Histoire de Charles XII,* éd. de *Bâle, Revis (Rouen, Jore).* 1731. Les *Lettres philosophiques* ont été condamnées par arrêt du Parlement du 10 juin 1734. (Voy. *Mercure* d'août 1734, pp. 1893 et 1894), et par décret de la cour de Rome, du 4 juillet 1752.

Lettres philosophiques par M. de V***. *Amsterdam, E. Lucas (Paris).* 1734, in-12 de 2 ff non chiff. et 354 (lisez 324 pp.).

---

1. La *Lettre sur l'incendie d'Altena* n'est pas dans la réimpression anglaise de 1778.

Par suite d'une faute de pagination, la page 169 est paginée 199, la page 170, 200, etc., etc.

La page 37 est paginée 13.

La *vingt-cinquième Lettre sur les Pensées de M. Pascal* est aux pages 273-351 (lisez : 213-321). Nous croyons que cette édition est celle qui fut publiée, à Paris, par François et René Josse. (Voyez Voltaire à Jore, 21 mars 1736. — M. Léouzon-le-Duc a daté cette lettre du 26 mars).

L'édition de F. et R. Josse parut au mois d'avril 1734, avant l'édition de Jore.

LETTRES ÉCRITES DE LONDRES SUR LES ANGLOIS ET AUTRES SUJETS, PAR M. DE V***, *Basle (Londres)*. 1734, in-8 de 4 ff. non chiff., 228 pp. et 10 ff. non chiff. pour la *Table des principales matières*.

S'il faut en croire l'auteur de la *Réponse ou critique des Lettres philoso-phiques de M. de V**** (*Basle*, Ch. Revis. 1735, p. 247), l'édition de *Londres*, imprimée sous la rubrique de *Bâle*, a précédé l'édition de Paris, et par conséquent celle de Rouen.

L'édition de *Londres* a une *Préface* qui, « quoiqu'elle paraisse venir des éditeurs, est néanmoins donnée au public de concert avec l'auteur ». La Lettre sur les *Pensées de Pascal* ne s'y trouve pas; on y a substitué la *Lettre sur l'incendie d'Altena*.

« Il y a quelques phrases de plus dans les éditions d'Amsterdam qui paraissent avoir été omises dans celle-ci. » (Note manuscrite de Beuchot.)

LETTRES PHILOSOPHIQUES PAR M. DE V.... *Rouen, Jore*. 1734, in-8 de 2 ff. non chiff. et 190 pp.

Cette édition est celle dont il est question dans le *Factum* de Jore. (Voy. le tome XXXIV de la présente édition, p. 80.) Jore dit qu'elle se vendait chez Ledet, imprimeur de Voltaire, à Amsterdam. Elle contient vingt-six *lettres*. Beuchot prétend que le nom de Jore « est imprimé fauti-vement dans cette édition », et qu'on lit *Jorre* au lieu de *Jore*. Aucun des exemplaires que nous avons vus ne présente cette incorrection.

LETTRES PHILOSOPHIQUES PAR M. DE V***. *Amsterdam, E. Lucas (Paris?)*. 1734 in-8 de 124 pp., plus 57 pp. (paginées 1 à 56 : lisez 57), pour la *Vingt-cinquième Lettre sur les Pensées de M. Pascal*.

Cette édition a été faite sur celle de Jore. Non-seulement on a suivi l'or-thographe de l'édition en 387 pp., mais le fleuron des pages 28, 41, *etc.* est une contrefaçon du fleuron imprimé sur le frontispice de l'édition de Rouen. Ne serait-ce pas l'édition donnée par René Josse? (Voy. Voltaire à Jore, 21 mars 1736.)

LETTRES ÉCRITES DE LONDRES SUR LES ANGLAIS ET AUTRES SUJETS, PAR M. DE VOLTAIRE, SUIVANT LA COPIE IMPRIMÉE A LONDRES. *Amsterdam, Ledet* ou *J. Des-bordes*. 1735, in-8 et in-12.—*Id., ibid...(Rouen?)*. 1736, in-12. (Contrefaçon de l'édi-tion de 1735.) — *Rouen, Jore*. 1737, in-12. — *Londres*, 1737, in-8. — *Amsterdam, Desbordes*. 1739, in-8.

Quérard et Lowndes citent une édition avec le nom de *Londres (Rouen, Jore)*, 1736, in-12 : nous ne la connaissons pas. Quant aux éditions de 1757 et de 1776 mentionnées, la première par Quérard, la seconde par Ersch, Quérard et Lowndes, nous croyons qu'il y a eu confusion entre les *Lettres philosophiques* et un volume intitulé : *Lettre philosophique, par M. de V***** (*La Haye, P. Poppy*. 1738 et 1739, in-12), qui contient une

Lettre de Voltaire *sur l'Ame.* (Voy. *Dict. philosophique,* article *Ame,* section VIII). C'est le volume : *Lettre philosophique, par M. de V***, etc.,* qui a été réimprimé en 1757 et en 1776. A partir de 1739 les *Lettres philosophiques* ont été réimprimées dans les Œuvres de Voltaire, parmi les *Mélanges de littérature et de philosophie.* (Voy. les éditions de 1738-1739, t. IV; de 1742, t. IV; de 1746, t. IV; de 1748, t. II; de 1751, t. XI; de 1752, t. II; de 1756, t. IV; de 1768 (in-4), t. XIV; de 1775 (encadrée), t. XXXIII).

Les éditeurs de Kehl ont dispersé les *Lettres philosophiques* dans le *Dictionnaire philosophique* (aux articles *Quakers, Anglicans, Presbytériens, Sociniens, Parlement d'Angleterre, Gouvernement,* etc..., etc..., etc...)

LETTRES PHILOSOPHIQUES, PAR M. DE VOLTAIRE. Nouvelle édition. *Paris, M*ᵐᵉ *V*ᵉ *Perronneau.* 1818, in-12 de XIX et 155 pp.

Édition donnée par Beuchot, et tirée à 30 exemplaires. C'est un extrait du tome XX° de l'édition des Œuvres de Voltaire, en 56 volumes in-12. La *Lettre sur les Pensées de M. Pascal,* la *Lettre sur l'incendie de la ville d'Altena,* et la *Lettre sur l'Ame,* qui avait paru en 1738 dans le volume intitulé : *Lettre de M. de V*** avec plusieurs pièces de différents auteurs. La Haye, Pierre Poppy,* in-12 de 1 f. de titre, 175 pp. et 3 pp. non chiff. [1] (voyez ci-dessus), n'ont pas été comprises par Beuchot dans la réimpression de 1818. Voy. son *Avertissement,* t. XXII de la présente édition, p. 79.

153. LE PRÉSERVATIF, OU CRITIQUE DES OBSERVATIONS SUR LES ÉCRITS MODERNES. *La Haye, J. Néaulme.* 1738, in-12 de 45 pp. 1 fig.

Selon les éditeurs de Kehl, la première édition du *Préservatif* parut sous le nom du chevalier de Mouhy. Nous ne connaissons pas d'édition portant ce nom. « Le chevalier de Mouhy », dit M. Desnoiresterres, « accepta la responsabilité du *Préservatif,* en tête duquel se trouvait une estampe représentant Desfontaines, à genoux, recevant le fouet d'un drôle qui n'y allait pas de main morte. » (*Voltaire à Cirey,* pp. 171-172. Cf Voltaire à d'Argental, 2 avril 1739.)

Voltaire a attribué aussi le *Préservatif* à La Mare (Voltaire à Cramer, 31 mars 1770).

Voltaire a désavoué le *Préservatif* dans une déclaration du 2 mai 1739, publiée pour la première fois par M. Desnoiresterres (*Voltaire à Cirey,* p. 218).

Réimprimé, en 1739, à la suite de la *Voltairomanie (La Voltairomanie avec le Préservatif et le Factum du sieur Claude-François Jore. Londres,* in-8 de 4 ff. et 88 pp.); et, en 1775, dans le tome III des *Pièces détachées attribuées à divers hommes célèbres* (XL° de l'édition encadrée, p. 358). Cf le t. XXIX de l'édition in-4 (1777), p. 490.

154. ÉLÉMENS DE LA PHILOSOPHIE DE NEWTON, MIS A LA PORTÉE DE TOUT LE MONDE. PAR Mʳ DE VOLTAIRE. *Amsterdam, Ledet ou Desbordes.* 1738, in-8 de 399 pp. et 1 p. non chiff. pour l'errata.

Frontispice dessiné par Dubourg et gravé par Folkema; 1 portrait gravé par Folkema [2]; 27 vignettes et 22 culs-de-lampe, par Dubourg, Lacave, etc.; et

1. Cette même lettre a été reproduite dans le volume : *Lettre philosophique par M. de V*** avec plusieurs pièces galantes et nouvelles de différents auteurs. Paris,* 1747 et 1756 ; *Londres,* 1757 et 1776 ; *Berlin,* 1760, 1774, 1775, etc.
2. Tous les exemplaires n'ont pas le portrait.

un grand nombre de figures géométriques dans le texte et tirées à part. En outre, une *Table des couleurs et des tons de la musique*, p. 182.

Cette première édition n'est qu'une partie de l'ouvrage tel qu'il est imprimé aujourd'hui.

Voltaire travaillait dès 1736 aux *Éléments de la philosophie de Newton*. (Voyez sa lettre de juillet à Berger. *Correspondance*, tome II, n° 621.)

Dès 1736 aussi, l'*Épître à Mme du Châtelet*, imprimée en tête des *Éléments* [1], était composée (Voltaire à Thieriot, 5 septembre, 21 octobre, 21 novembre 1736; — à Berger, 12 décembre 1736).

L'édition de 1738 fut imprimée par Ledet, à qui Voltaire avait confié le manuscrit incomplet des *Éléments*. Ledet fit achever l'ouvrage par un mathématicien hollandais, et le mit en vente vers la fin de mars ou le commencement d'avril 1738.

Voltaire, après avoir envoyé à divers journaux des *Éclaircissements en forme de préface pour servir de supplément à l'édition de Hollande* [2] (Voltaire à l'abbé Prévost, juillet 1738), se décida à donner lui-même, à Paris, une édition plus correcte de son livre.

Cette édition est intitulée :

Éléments de la philosophie de Newton, donnés par M. de Voltaire. Nouvelle édition, Londres (Paris, Prault). 1738. in-8 de 2 ff. lim., XVI pp. (pour les *Éclaircissements nécessaires*), 3 ff. non chiff. pour la *Table des chapitres* et l'*Avertissement des libraires*, 326 pp. (paginées 3 à 328), 6 ff. de *Table* non chiff. et 1 f. d'*errata*. Portraits de Newton et de Voltaire. (Le portrait de Newton est gravé par Dupin). Sur le titre un fleuron de Duflos.

Voltaire a ajouté à cette édition de 1738 un chapitre XXVIe : *Du flux et et du reflux*, etc...

Les libraires de Hollande firent réimprimer ces additions et les joignirent aux exemplaires des *Éléments* qu'ils n'avaient pas encore débités. Nous avons eu entre les mains un de ces exemplaires. Il est constitué de la façon suivante :

1° 1 f. de faux-titre ; 2° frontispice ; 3° 1 f. de titre ; 4° 1 f. non chiff. pour l'*Avertissement des libraires de Londres* (*Paris*) et l'*Avertissement de libraires d'Amsterdam*; 5° 6 ff. paginés I-XII pour les *Éclaircissements nécessaires*; 6° 1 f. non chiff. pour la *Table des chapitres*.

A la suite des *Éléments* on a réimprimé (pp. 401-410) le chapitre XXVIe : *Du flux et du reflux*, etc. L'ouvrage se termine par 3 ff. de *Table des matières* non chiff. En 1740, parut à *Amsterdam* chez J. *Desbordes* : la *Métaphysique de Newton ou Parallèle des sentiments de Newton et de Leibnitz, par Mr de Voltaire*, in-8 de 3 ff. non chiff. et 71 pp. Une note imprimée au-dessous du titre porte : « Cet ouvrage, qui renferme beaucoup de choses très-instructives dans sa petitesse, peut servir de supplément aux *Éléments de la philosophie de Newton*, que le même auteur a publiés. » L'*Avis au public*, imprimé en tête de la *Métaphysique de Newton*, n'a pas été réimprimé par les éditeurs des *OEuvres de Voltaire*.

ÉLÉMENTS DE LA PHILOSOPHIE DE NEWTON CONTENANT LA MÉTAPHYSIQUE, LA THÉORIE DE LA LUMIÈRE ET CELLE DU MONDE, PAR MR DE VOLTAIRE. Nouvelle édition. *Londres*

---

1. Il existe de cette *Épître* une édition séparée, *s. l. n. d.*, in-8 de 8 pp.
2. Voy. tome XXII de la présente édition, p. 267. — Ces *Éclaircissements* furent imprimés dans les *Mémoires de Trévoux*, de juillet 1738, p. 1418, sous le titre suivant : *Éclaircissements nécessaires donnés par M. de Voltaire le 20 mai 1738, sur les Éléments de la philosophie de Newton*. Voltaire en avait adressé à Thieriot deux copies, l'une pour le *Journal des savants*, l'autre pour les journaux anglais. Il en avait aussi envoyé des copies en Hollande. (Voltaire à Thieriot, 9 mai 1738; Voltaire à Moussinot, 9 mai 1738.)

(Paris, Prault). 1711, in-12 de 5 ff. dont 1 f. de titre et 4 ff. paginés 5-12 pour l'*Épître à Mme la marquise du Châtelet,* 471 pp.; viii pp. pour la *Table des chapitres* et 3 pp. d'*errata* non chiff. Fleuron de Duflos sur le titre.

La première partie de cette réimpression comprend la *Métaphysique* publiée en 1740. Les xxiv° et xxv° chapitres de 1738 n'ont pas été réimprimés en 1741 : Voltaire a substitué à ces deux chapitres, auxquels il n'avait eu, dit-il, aucune part (voyez sa lettre à Maupertuis, *Correspondance,* t. III, n° 940), des morceaux de sa composition.

Sur les divers changements introduits par Voltaire dans les *Éléments de la philosophie de Newton* en 1741, 1748, 1751, 1756, etc... voyez le tome XXII de la présente édition, pp. 398 et 399, 401, 415, 417, 434, 445, etc., etc.

On fit, en 1745, un nouveau titre pour l'édition de 1741. Ce titre porte : *Éléments de la philosophie de Newton, etc., par M. de Voltaire, de la Société royale de Londres. Londres (Paris, Prault),* 1745. Fleuron de Duflos.

Quérard cite une édition de 1772, in-8, avec le nom de *Neufchâtel.* C'est l'édition qui fait partie des *OEuvres* de Voltaire, publiées à *Paris,* par Panckoucke, de 1772 à 1773, sous la rubrique de *Neufchâtel.* Le format est in-12.

ÉLÉMENTS DE LA PHILOSOPHIE DE NEWTON PUBLIÉS PAR M. DE VOLTAIRE ET SUIVIS DE QUELQUES PIÈCES DE LITTÉRATURE, DE PHILOSOPHIE ET DE PHYSIQUE. — *Nouvelle édition augmentée. Lausanne, Jules-Henri Pott et Comp.* 1782, in-8 de 1 f. de titre, 2 ff. paginés iii-vi et 382 pp.

Les pièces de littérature, de philosophie et de physique sont aux pages 279, 285, 287, 292, 297, 301, 317, 372, 379.

455. MÉMOIRE DU SIEUR DE VOLTAIRE. *La Haye, J. Néaulme (Paris).* 1739, in-12 de 56 pp.

Ce Mémoire est daté de *Cirey, 6 février 1739* : il est signé *Voltaire.* Réimprimé en 1830, dans les *OEuvres de Voltaire* (t. XXXVIII, p. 209 de l'édition Beuchot).

Le Mémoire sur la satire, à l'occasion d'un libelle de l'abbé Desfontaines contre l'auteur (t. XXIII de la présente édition, p. 47), est une seconde version du *Mémoire du sieur de Voltaire.*

456. RÉPONSE A TOUTES LES OBJECTIONS PRINCIPALES QU'ON A FAITES EN FRANCE CONTRE LA PHILOSOPHIE DE NEWTON. *S. l.* 1739, in-8 de 1 f. de titre et 26 pp.

Réimprimé par les éditeurs de Kehl (t. XXXI, p. 235), sous le titre suivant : *Défense du Newtonianisme.*

Le titre de départ porte : *Réponse aux objections principales, etc.* On lit sur le frontispice de l'édition *princeps* : Réponse à *toutes* les objections principales, etc.

457. VIE DE MOLIÈRE, AVEC DES JUGEMENTS SUR SES OUVRAGES. *Paris, Prault fils.* 1739, in-12 de 2 ff. de titre, 120 pp. et 2 ff. non chiff. pour l'approbation et le privilège. (L'approbation du 29 février 1739 est signée : *Fontenelles (sic).*

VIE DE MOLIÈRE, ETC., par M. de Voltaire. *Nouvelle édition, où l'on a rétabli, sur le manuscrit de l'auteur, les endroits qui ont été retranchés dans l'édition de Paris, Amsterdam, Catuffe.* 1739, in-8 de 92 pp.

« Voltaire avait été prié par M. de Chauvelin d'écrire cette *Vie* pour la grande édition de Molière in-4, avec les figures de Fr. Boucher, que le libraire Prault devait publier en 1734 ; mais le censeur de la librairie ne voulut pas approuver l'ouvrage de Voltaire, et comme l'édition ne pouvait paraître avec une notice nouvelle qu'on avait demandée à J.-B. Rousseau, sans pouvoir l'obtenir, on chargea un écrivain obscur, nommé de La Serre, de fournir un travail biographique et critique, qui a été mis en tête des *OEuvres de Molière.* » (Note de M. Paul Lacroix, *Bibliographie Moliéresque. Paris, Fontaine.* 1875, n° 906.)

La *Vie de Molière* a été réimprimée dans les *Contes de Guillaume Vadé. S. l. (Genève)* 1764, sous le titre suivant : *Vie de Molière avec de petits sommaires de ses pièces,* p. 305 [1]; et séparément, en 1771 (*Lausanne,* in-8) et en 1844 (*Paris, Derche,* in-12).

Les *éditions* des *OEuvres de Molière,* précédées de la *Vie de Molière,* par Voltaire, sont les suivantes : 1765 (*Amsterdam et Leipzig*); — 1773 (*Paris*); — 1786-88 (*Paris, Belin et Brunel*); — an VII (*Paris, Didot*); — 1801 (*Paris*); — 1817 (*Paris, Pierre Didot*); — 1821-1822 (*Paris, Tardieu-Denesle*); — 1823-1824 (*Paris, Lheureux*); — 1825 (*Paris, Dupont et Verdière*); — 1828 (*Paris, Urbain Canel*); — 1832 (*Paris, Lebigre*); — 1851 (*Paris, Penaud frères*); — 1853 ou 1854 (*Paris, Furne*); — 1859, 1862, 1878 (*Paris, Garnier frères*); — etc.

158. Conseils a M. Racine sur son poëme de la Religion, par un amateur des belles-lettres. *S. l. n. d.* (1742), in-8 de 14 pp.

Sur cette brochure, voyez deux lettres (dont l'une de Destouches) dans le *Mercure* de mai et dans le *Mercure* d'août 1742 (pp. 1088 et 1718).

159. Discours prononcez dans l'Académie françoise le lundi 9 mai MDCCXLVI a la réception de M. de Voltaire. *Paris, de l'imprimerie de Jean-Baptiste Coignard.* 1746, in-4 de 35 pp.; — in-12 de 47 pp. [2].

Avec la *Réponse de M. l'abbé d'Olivet, directeur de l'Académie françoise, au Discours prononcé par M. de Voltaire* (pp. 24 de l'édition in-4 et 33 de l'édition in-12).

Réimpr. avec des notes, dans le tome VIII de l'édition de Dresde, (1748, pp. 109-128). Beuchot a reproduit l'*Avertissement des éditeurs,* qui précède la réimpression de 1752 (tome IV de l'édition de Dresde, in-12. Voy. le tome XXIII° de la présente édition, p. 206).

160. Panégyrique de Louis XV. *S. l. (Paris).* 1748, in-8 de 2 ff. de titre et 49 pp.

Le titre de départ porte : *Ludovico decimo-quinto de humano genere bene merito.*

On sait par la *Préface de l'auteur* (voy. plus loin) et par l'abbé Raynal (*Nouvelles littéraires,* t. I de la *Correspondance de Grimm,* éd. Tourneux, p. 279), que l'auteur du *Panégyrique de Louis XV* fut longtemps ignoré. Le public attribua le *Panégyrique* à M. de Lafitau, évêque de Sisteron

---

1. Cette réimpression est augmentée d'un *Avertissement.*
2. Le catalogue du British Museum porte l'indication d'une édition de *Göttingue,* avec le millésime 1746.

(Raynal, *Nouvelles littéraires*, ibid., p. 103), et au président Hénault
(Clément, *Les Cinq Années littéraires*, 25 octobre 1748).

LE MÊME OUVRAGE : *S. l.* 1748, in-12 de 2 ff. de titre et 44 pp. Fig.

Le titre de départ porte : *Panégyrique de Louis XV. Ludovico decimo-
quinto, etc.*

La figure représente la France agenouillée devant le buste de Louis XV.
Sur le socle on lit : *Ludovico XV Victori Pacificatori Patri Patriæ.
M DCCXLVIII.*

LE MÊME OUVRAGE : *S. l. Paris.* 1748, in-8 de 2 ff. de titre et 39 pp.

LE MÊME OUVRAGE : *S. l.* 1748, in-8 de 39 pp. (y compris le faux titre et le
titre) plus 4 ff. paginés I-VIII pour la *Préface de l'auteur.*

On lit sur le faux titre : *Panégyrique de Louis XV. Cinquième édition.*
Au verso du titre se trouve *l'Extrait d'une lettre de M. le président
de X*** [1]. (Voy. tome XXIII de la présente édition, p. 262.)
La *Préface de l'auteur* paraissait pour la première fois dans cette
cinquième édition.

LE MÊME OUVRAGE : *Sixième édition. S. l. (Paris)* 1749, in-8 de 50 pp. Fleuron
de Beaumont sur le frontispice.

La *Préface* de la cinquième édition est intitulée dans cette sixième édition : *Réponse de l'auteur à quelques critiques* (pp. 37 et suivantes).

LE MÊME OUVRAGE : *Sixième édition avec les traductions latine, italienne, espa-
gnole et anglaise. S. l. (Paris)* 1749, in-8 de 36, 47, 1 f. de titre et 44, 1 f. de
titre et 39, 1 f. de titre et 45 pp.

Sur cette traduction polyglotte voyez l'abbé Raynal, *Nouvelles littéraires* (t. I de la *Correspondance de Grimm*, p. 279). — Cf Longchamp,
Mémoires sur Voltaire, t. II, p. 180, et Desnoiresterres, *Voltaire à la
cour*, pp. 252 et *sq.*

161. LETTRE DE VOLTAIRE A M. DE MACHAUT, CONTROLEUR GÉNÉRAL, A
L'OCCASION DE L'IMPOT DU VINGTIÈME. (1749). *Imp. de A. Firmin Didot.*
1829, in-8 de 17 pp.

Imprimée pour la Société des bibliophiles français.
« La lettre suivante, dit l'éditeur, M. H. de La Bédoyère... a été trouvée
dans les papiers de M. le marquis Rouillé du Coudray... à qui Voltaire
l'avait adressée avec le désir, comme l'indique le billet d'envoi [2], qu'il la
remît à M. de Machaut, son beau-frère, alors contrôleur général. Le manuscrit est de l'écriture de Longchamp... (Voy. *Mélanges publiés par la
Société des Bibliophiles français*, t. VI, 1829.)
Il a été fait de cette *Lettre* un tirage à part (30 exemplaires).

162. PANÉGYRIQUE DE SAINT LOUIS, ROI DE FRANCE, PRONONCÉ DANS LA

---

1. Dans les éditions de 1765 (tome II des *Nouveaux Mélanges*), de 1771 (tome XV de l'édition in-4), de 1775 (tome XXXIV de l'édition encadrée), on lit : *Extrait d'une lettre de M. le
Président de...* Les éditeurs de Kehl ont mis : *Extrait d'une lettre de M. le président Hénault*
— Le titre actuel du *Panégyrique* est de 1765 (tome II des *Nouveaux Mélanges*, p. 5).
2. Voyez ce billet d'envoi dans la *Correspondance* (mai 1749).

CHAPELLE DU LOUVRE, EN PRÉSENCE DE MESSIEURS DE L'ACADÉMIE FRAN-
ÇAISE, le 25 août MDCCXLIX, par M. l'abbé d'Arty. *Paris,* de l'imprimerie
de *Bernard Brunet.* 1749, in-4 de 20 pp.

> L'approbation est du 18 août 1749. Réimpr. par les éditeurs de Kehl,
> t. XLVIII, p. 417.
>   Nous ne connaissons pas les éditions d'*Amsterdam* et de *Paris, Didot,*
> 1750, in-12, citées par Quérard.
>   Sur l'abbé d'Arty et sur le panégyrique de saint Louis, voy. Desnoires-
> terres, *Voltaire à la cour,* pp. 291-291.

463. CONNAISSANCE DES BAUTEZ *(sic)* ET DES DÉFAUTS DE LA POÉSIE
ET DE L'ÉLOQUENCE DANS LA LANGUE FRANÇAISE A L'USAGE DES JEUNES
GENS ET SURTOUT DES ÉTRANGERS, AVEC DES EXEMPLES PAR ORDRE ALPHA-
BÉTIQUE. Par M. D***. *Londres. Aux dépens de la Société.* 1749, in-12
de 2 ff. de titre et 214 pp. Titre rouge et noir.

> Réimpr. en 1750 sous le titre suivant : *Connoissance des beautes (sic)
> et des défauts, etc. Londres (Paris),* in-8 de 1 f. de titre et 251 pp.; et en
> 1751, *Londres (La Haye),* in-8 de 3 ff. non chiff. XXIV et 354 pp. On
> trouve aux pages 257-354 des *Remarques critiques sur la connaissance
> des beautés et des défauts,* etc. etc.
>   Sur la *Connaissance des beautés,* etc., voy.: Fréron, *Lettres sur quelques
> écrits de ce temps,* 4 août 1749, t. I, p. 267; — Clément, *les Cinq Années lit-
> téraires,* 30 septembre 1749; — Trublet, *Mémoires pour servir à l'histoire de la
> vie et des ouvrages de M. de Fontenelle, etc... Seconde édition. Amsterdam.*
> M.-M. Rey. 1759, pp. 138-139 et 281; — Collé, *Journal et Mémoires, éd. Didot,*
> t. I, pp. 83 et 95; — Desnoiresterres, *Voltaire à la cour,* pp. 388-389; —
> G. Bengesco et C. Lahovary, *Voltaire poète comique* [1] (sous presse, *etc.,* etc.).

464. LES MENSONGES IMPRIMEZ, PAR M. ARROUET DE VOLTAIRE, DE
L'ACADÉMIE FRANÇAISE. Nouvelle édition avec des remarques et des notes.
En Hollande, par la Compagnie des libraires. 1750, in-8 de 2 ff. de
titre et 62 pp.

> Le faux titre porte :
> *Défense des libraires hollandais contre les Mensonges imprimés de
> M. de Voltaire.*
> *Avertissement,* pp. 1-4.
> *Des Mensonges imprimés,* pp. 5-28.
> Remarques sur les *Mensonges imprimés,* pp. 29-62.
> Réimpression du chapitre I *des Mensonges imprimés,* imprimé en 1749
> à la suite de *Sémiramis (Paris, Le Mercier et Lambert,* in-12, pp. 159-
> 182).

465. REMERCIMENT SINCÈRE A UN HOMME CHARITABLE. *Amsterdam, Le
Vray.* 1750, in-8 de 15 pp. — *Amsterdam,* 1758, in-12.

> C'est une défense de *l'Esprit des lois* contre les gazetiers des *Nouvelles
> ecclésiastiques.*

---

1. Dans cet ouvrage, ainsi que dans le tome II de notre *Bibliographie des OEuvres de
Voltaire,* nous essayons de démontrer que la *Connaissance des beautés,* etc. n'est pas de Voltaire.

Sur les attaques des *Nouvelles ecclésiastiques*, voyez *l'Introduction à l'Esprit des lois*, par M. Laboulaye (*OEuvres complètes de Montesquieu*, éd. Garnier, t. III, pp. xxviii et sq). Cf *Histoire de Montesquieu*, par M. Louis Vian, *Paris, Didier*, 1879, pp. 205 et sq.

Dans l'édition *princeps*, le *Remerciement sincère* est daté de *Marseille, le 10 mai 1750* (p. 3.)

466. LA VOIX DU SAGE ET DU PEUPLE. *Amsterdam, Le Sincère (Paris).* 1750, in-8 de 16 pp.

Amsterdam, Le Sincère. 1750, in-12 de 16 pp. — *Amsterdam (sic), Le Sincère.* 1750, in-12 de 16 pp.

L'édition in-12, avec le nom d'*Amsterdam*, a été faite sur celle in-8.

Barbier cite une édition d'*Amsterdam (sic)* avec le millésime 1751 : l'exemplaire que nous avons vu porte le millésime 1750.

Nous ne connaissons pas l'édition *S. l. n. d.* signalée par Barbier (*Dict. des ouvrages anonymes*, éd. Daffis, IV, 1051).

Réimpr. dans le *Recueil des voix pour et contre les immunités du clergé, Londres (Paris).* 1750, in-12.

La Voix du sage et du peuple a été condamnée par décret de la cour de Rome, du 25 janvier 1751 et par arrêt du Conseil du 21 mai 1751.

467. DÉFENSE DE MILORD BOLLINGBROKE, PAR LE DOCTEUR GOOD NATUR'D VELLWISHER, CHAPELAIN DU COMTE DE CHESTERFIELD. TRADUIT DE L'ANGLAIS. IMPRIMÉ AVEC LA PERMISSION DES SUPÉRIEURS. *S. l.* Novembre 1752, in-8 de 16 pp.

Quérard (*les Supercheries littéraires dévoilées*, éd. Daffis, t. III, p. 994, et *Bibliographie voltairienne*, p. 5), a daté cet opuscule de 1751. Il est de 1752.

Réimpr. dans la *Bibliothèque raisonnée des ouvrages des savants de l'Europe*, pour les mois d'avril, mai et juin 1753, *Amsterdam*, 1753, pp. 392-402, et dans un petit volume intitulé : *OEuvres mêlées d'un auteur célèbre qui s'est retiré de France. Berlin.* 1753, in-12 de 60 pp (pp. 39-60).

Nous n'avons pas vu l'édition en 39 pp. dont il est question dans la *Bibliothèque impartiale pour les mois de janvier et février 1753*, t. VII, p. 315[1].

Dans les trois éditions que nous citons, on lit, au sujet du cardinal d'Auvergne : *Abbé de Cluny, propter clunes.* Cf *Nouveaux Mélanges*, t. III, p. 65.

Sur la *Défense de Mylord Bolingbroke*, voyez Formey, *Souvenirs d'un citoyen, Berlin, de La Garde.* 1789, t. I, p. 265 et sq...

468. DIATRIBE DU DOCTEUR AKAKIA, MÉDECIN DU PAPE. — DÉCRET DE L'INQUISITION ET RAPPORT DES PROFESSEURS DE ROME AU SUJET D'UN PRÉTENDU PRÉSIDENT. *Rome (Leyde, Luzac?).* 1753, in-8 de 32 pp. — *Rome (Leipzig*, d'après Barbier, ou plutôt *Paris).* 1753, in-12 de 24 pp.

Quérard (*les Supercheries littéraires dévoilées*, éd. Daffis, I, 224, et *Bibliographie voltairienne*, p. 55), cite une édition in-8 avec le nom de *Rome (Berlin)* et le millésime 1752. L'édition de la *Diatribe* que Voltaire

---

1. Voici, d'après la *Bibliothèque impartiale*, le titre de cette édition : *Défense de Milord Bollingbroke, par Mr de Voltaire. Berlin*, 1753.

avait fait imprimer à Potsdam fut brûlée par Frédéric au mois de novembre 1752 (Voy. Desnoiresterres, *Voltaire et Frédéric*, p. 371). Voltaire fit réimprimer *la Diatribe à Leyde*, chez *Luzac* (Formey, *Souvenirs d'un citoyen*, t. I, p 270); il est probable que cette édition de Leyde est l'édition en 32 pp. avec le nom de *Rome* et le millésime 1753. Elle dut paraître à la fin de 1752, puisque le libelle fut brûlé le dimanche 24 décembre 1753, à Berlin, par la main du bourreau. Quant à l'édition in-12 de 24 pp., nous croyons que c'est une réimpression parisienne.

La Diatribe du Docteur Akakia a eu de nombreuses réimpressions : nous citerons celles qui font partie des recueils suivants :

1° *La Querelle, S. l. n. d.* (1753), in-12 de VII, et 63 pp. [1].

2° *OEuvres mêlées d'un auteur célèbre qui s'est retiré de France. Berlin.* 1753, in-12.

3° *Maupertuisiana. Hambourg.* 1753, in-8 [2]. Dans cette réimpression, la *Diatribe* forme une brochure in-8 de 16 pp. (*Rome*, 1753).

4° *Histoire du Docteur Akakia et du natif de Saint-Malo. Berlin.* 1753, in-8 de 61 pp. [3].

4° *Le Siècle politique de Louis XIV* ou *Lettres du vicomte Bolingbroke, etc...* 1753, etc.

La Diatribe du docteur Akakia a été aussi réimprimée avec une *Préface* dans l'édition des *OEuvres de Voltaire* publiée à *Genève*, par *Cramer*, en 1756, tome V.

169. AVIS A L'AUTEUR DU JOURNAL DE GÖTTINGUE. (*La Haye?* 1753).

Nous ne connaissons pas la première édition de cet *Avis* : il a dû être imprimé séparément, si l'on en juge par ce passage de la *Bibliothèque impartiale* (t. VII, p. 316) : « On voit ici (à la Haye) un imprimé qui a pour titre : *Avis à l'auteur du Journal de Göttingue.* Le voici mot à mot... » — Suit la réimpression de l'*Avis*, pp. 316-319.

170. LE TOMBEAU DE LA SORBONNE. *Constantinople.* 1753, in-12 de 1 f. de titre et 18 pp. paginées 5-22.

Quérard (*Bibliog. volt.*, p. 56), a donné au *Tombeau de la Sorbonne* la date de 1751. Cet opuscule ne peut être que de la fin de 1752. M. Tour-

---

1. Ce volume renferme : 1° *Extrait des œuvres de M. de Maupertuis*, tiré de la *Bibliothèque raisonnée* (voy. le tome XXIII de la présente édition, p. 535); — 2° *Lettre de M. de Voltaire à M. Kœnig*, du 17 novembre 1752; — 3° *Réponse d'un académicien de Berlin à un académicien de Paris*; — 4° *Diatribe du docteur Akakia.*

2. Ce volume n'a pas été décrit par les bibliographes.

3. Nous ne connaissons pas l'édition en 41 pp. mentionnée par Beuchot. Le texte de l'édition en 61 pp. n'est pas toujours conforme au texte suivi par Beuchot. Voici ce que contient l'édition en 61 pp. de l'*Histoire du docteur Akakia* : 1° *Histoire du docteur Akakia et du natif de Saint-Malo*, pp. 3-4; 2° *Diatribe du docteur Akakia*, pp. 5-29; 3° le *N. B.* de la p. 571 du tome XXIII de la présente édition; 4° *Séance mémorable*, pp. 31-35 (l'édition séparée de cet opuscule *s. l. n. d*, in-8 de 8 pp. se trouve dans le recueil : *Maupertuisiana*); 5° le *N. B.* de la page 573 du tome XXIII de la présente édition; 6° *Traité de paix* conclu entre M. le Président et M. le professeur le 1er janvier 1753, pp. 37-43 (l'édition séparée de cet opuscule, *Berlin*, 1753, in-8 de 19 pp. se trouve dans le recueil *Maupertuisiana*); 7° le 3e alinéa de la page 581 du tome XXIII de la présente édition ; *la Requête du docteur Akakia*; l'*Extrait du journal de Leipsick*, intitulé *Der Hofmeister*; *la Lettre du docteur Akakia au natif de Saint-Malo, etc., etc.*, pp. 46-57. (L'extrait de la *Lettre de M. le président à son méde:in Akakia* ne fait pas partie de l'édition en 61 pp. de l'*Histoire du docteur Akakia.* Cet extrait, la *Lettre du docteur Akakia* et l'*Extrait du journal de Leipsick* ont été imprimés séparément, sous le titre suivant : *l'Art de bien argumenter en philosophie réduit en pratique par un vieux capitaine*

neux en cite une édition intitulée : *le Tombeau de la Sorbonne. Traduit du latin. S, l.* 1752, in-8 (*Correspondance littéraire de Grimm,* t. III, p. 87).

Nous ne croyons pas que *le Tombeau de la Sorbonne* ait été écrit par Voltaire : on l'attribue avec plus de vraisemblance à l'abbé de Prades. (Voyez tome XXIV de la présente édition, p. 17, note 1.)

171. Doutes sur quelques points de l'Histoire de l'Empire. *S. l. n. d.* (1753), in-12 de 8 pp. (Voyez Annales de l'Empire)

172. Relation de la maladie, de la confession, de la mort et de l'apparition du jésuite Bertier. *S. l. n. d.* (1759), in-8 de 30 pp.

S. l. n. d. (1759), in-8 de 14 pp. — *S. l.* 1760, in-12 de 54 pp.

L'édition in-12 de 54 pp. est intitulée : *Relation de la maladie, etc....* *Avec la Rélation (sic) du voyage de frère Garassise, et ce qui s'ensuit, en attendant ce qui s'ensuivra.*

Réimpr. dans le *Recueil des facéties parisiennes pour les six premiers mois de l'an 1760.* (Genève, 1760), pp.181-204.

173. Mémoires pour servir a la vie de M. de Voltaire, écrits par lui-même. *Genève.* 1784, in-8 de 174 pp. et 1 f. d'errata.

Londres. 1784, in-8 de 117 pp. (Titre encadré). — *Berlin.* 1784, in-8 de 100 pp. — *Berlin.* 1784, in-8 de 80 pp. — *S. l.* 1784, in-12 de 166 pp., etc., etc.

Sur ces *Mémoires,* écrits vers 1759, voyez Desnoiresterres, *Voltaire, son retour et sa mort* pp. 458-460.

L'ouvrage intitulé : *Frédéric le Grand, contenant des anecdotes précieuses sur la vie du roi de Prusse, etc, etc.* (*Amsterdam.* 1785, in-12 de 1 f. de titre et 249 pp. ou *S. l. n. d.,* in-8 de 190 pp.)[1] a été donné comme pouvant faire suite aux *Mémoires pour servir à la vie de M. de Voltaire, écrits par lui-même*[2]. Les *Mémoires pour servir à la vie, etc.,* ont été réimprimés dans le tome LXXe de l'édition de Kehl. — Les éditeurs de Kehl en avaient déjà fondu une partie dans le *Commentaire historique sur les œuvres de l'auteur de la Henriade* (voy. leur édition, t. XLVIII, pp. 80 et sq.).

Sur de prétendus *Mémoires de Voltaire* qui auraient dû être publiés en 1878, voyez *l'Intermédiaire des chercheurs et curieux,* I, 86, et XI, 613.

174. Les Quand, notes utiles sur un discours prononcé devant l'Académie française, le 10 mars 1760. Par Monsieur de Voltaire. *S. l. n. d.* (1760), in-8 de 7 pp.

Sixième édition augmentée des Si et des Pourquoi (de l'abbé Morellet). Genève (1760), in-12 de 20 pp. Frontispice dessiné et gravé par *Moreau le jeune.*

de cavalerie travesti en philosophe. Hambourg, 1753, in-8 de 8 et in-8 de 4 pp.); 8° *Addition, Copie de la lettre de M. de Maupertuis à Voltaire* (du 3 avril 1753), etc., etc., pp. 58-61. — Les termes dans lesquels sont rédigés les avis des pp. 58 et 61 montrent que l'édition en 61 pp. de *l'Histoire du docteur Akakia* a été donnée sans la participation de Voltaire. Cf la *Nouvelle Bigarrure, La Haye,* 1753, t. III, pp. 33 et sq.
1. L'édition en 190 pp. est intitulée *Frédéric le Grand.*
2. Les *Mémoires,* etc., ont été réimprimés sous le titre de : *Voyage à Berlin,* dans le tome V des *Romans de Voltaire,* éd. de la *Bibliothèque nationale,* 1 vol. in-32.

Cette sixième édition, imprimée en rouge, est anonyme. Sur le titre, on lit l'épigraphe suivante :

> Noli molestus esso omnino litteris,
> Majorem exhibeant ne tibi molestiam.
>
> *(Phæd., lib. IV.)*

Il existe de cette sixième édition une contrefaçon également imprimée en rouge. *Genève* (1760), in-12 de 20 pp. — Grimm nous apprend que des copies des *Quand* coururent sous le nom de M. Clodoré. (Voyez *Correspondance littéraire, etc....* éd. Tourneux, t. VII, p. 237. *Cf* la note de M. Tourneux, *ibid.*)

Réimp. dans le *Recueil des facéties parisiennes*, pp. 33-37, avec un *Avertissement*.

175. Plaidoyer pour Genest Ramponeau, cabaretier a la Courtille, prononcé contre Gaudon, entrepreneur d'un théâtre des Bouleverts (sic), par M. V***. *Genève, frères Cramer.* 1760, in-8 de 14 pp.

Le titre de départ porte : *Plaidoyer de Ramponeau prononcé par lui-même devant ses juges.*
Réimp. dans le *Recueil des facéties parisiennes*, p. 26.

176. Requête adressée a MM. les Parisiens, par B.-Jérome Carré, natif de Montauban, traducteur de la comédie intitulée : « Le Caffé ou l'Écossaise », pour servir de Post-Préface a ladite comédie. S. l. n. d., in-12 de 8 pp. Fig.

S. l. n. d., in-8 de 4 pp.

L'édition in-8 est intitulée : *Requête de Jérôme Carré aux Parisiens.*
Voyez *l'Écossaise.*

177. Dialogues chrétiens, ou Préservatif contre l'Encyclopédie, par M. V***. *Genève.* 1760, in-8 de 16 pp.

Sur ces *Dialogues*, imprimés à *Lyon* par *Rigolet*, voyez la *Lettre de Voltaire à Bordes*, du 5 septembre 1760. — *Cf* la Librairie sous *M. de Malesherbes* (*Bibliothèque Nationale*. Mss. Fr. Nouv. acquisitions. 1181).

178. Lettre civile et honnête a l'auteur malhonnête de la critique de l'Histoire universelle de M. de V***, qui n'a jamais fait d'Histoire universelle. Le tout au sujet de Mahomet. *Genève.* 1760, in-12 de 44 pp. Titre encadré.

179. A Monsieur le Lieutenant criminel du pays de Gex et aux juges qui doivent prononcer avec lui en première instance... (1761).

Nous ne connaissons pas la première édition de cette requête, qui a été réimprimée par les éditeurs de *Kehl*, t. LVII, pp. 123-127.
On lit dans une note de la page 123 : « La requête qui suit, rédigée probablement par M. de Voltaire, *et qui fut imprimée dans le temps*, présente les détails de cette affaire » (l'affaire du curé de Moëns).

180. Lettres sur la Nouvelle Héloïse ou Aloïsia de J.-J. Rousseau, citoyen de Genève. *S. l.* 1761, in-8 de 29 pp.

S. l. 1761, in-8 de 27 pp.

> Le titre de départ porte : *Lettres à M. de Voltaire.*
> La première lettre, datée du 20 janvier 1761, est signée : *Le marquis de Ximénès.*
> Réimpr. en 1762, à la fin de la *Nouvelle Héloïse*, et en 1770 dans le tome III des *Choses utiles et agréables*, pp. 312-318 (*Lettre de M. le marquis de Chimène sur la nouvelle Héloïse ou Aloïsia de Jean-Jacques*)[1].

181. Anecdotes sur Fréron, écrites par un homme de lettres a un magistrat qui voulait être instruit des moeurs de cet homme. *S. l. n. d.* (1770), in-8 de 15 pp.

> Nous n'avons pu voir les deux éditions de 1761 dont il est question dans l'*Avertissement* de Beuchot. C'est d'après un passage de la *Correspondance de Grimm*, éd. Tourneux, t. IX, p. 62, que nous donnons à l'édition en 15 pages la date de 1770.
> Cette réimpression est postérieure à celle qui fait partie du tome II des *Choses utiles*, etc., p. 350.
> Réimprimées en 1770 dans la brochure intitulée *Dieu. Réponse au Système de la nature. S. l.* pp. 45 et *sq.*
> Les *Anecdotes sur Fréron* ont été rédigées par Voltaire sur des matériaux que lui avait fournis Thieriot.

182. Appel a toutes les nations de l'Europe, des jugements d'un écrivain anglais, ou Manifeste au sujet des honneurs du pavillon entre les théâtres de Londres et de Paris. *S. l. (Paris).* 1761, in-8 de 2 ff. de titre et 114 pp.

> Titre rouge et noir.
> Le faux titre porte : *Suite de la collection complète des œuvres de M. de... Nouveau volume pour joindre aux autres. Seconde partie*[2].
> Selon *Grimm* (*Correspondance littéraire*, éd. Tourneux, t. IV, p. 341), l'*Appel aux nations*, etc., a été imprimé à Paris. Le fleuron de la page 1 (signé *Roche*) est en effet un de ceux qu'on retrouve le plus fréquemment sur les ouvrages sortis des presses de *Grangé*, imprimeur à *Paris*. — Nous n'avons pas vu l'édition genevoise de l'*Appel aux nations* : nous croyons que cette édition n'existe pas, et que l'*Appel* fut imprimé à Paris, pour les *Cramer*.
> Réimpr. en 1764 dans les *Contes de Guillaume Vadé*, sous le titre suivant : *Du théâtre anglais, par Jérôme Carré.*

183. Rescrit de l'empereur de la Chine. *S. l. n. d.* (1761), in-8 de 4 pp.

> Cf le *Journal encyclopédique* du 1er mai 1761, et le tome III des *Nouveaux Mélanges*, p. 365.

---

1. On n'a réimprimé dans le tome III des *Choses utiles* que des fragments des *Lettres sur la Nouvelle Héloïse.*
2. Les mots *Seconde partie* ne se lisent pas sur tous les exemplaires.

**184. Lettre de M. Clocpitre a M. Eratou. Sur la question si les
Juifs ont mangé de la chair humaine et comment ils l'apprêtaient (1764).**

Cette Lettre est de 1764 (voy. les *Contes de Guillaume Vadé*, p. 281),
et non de 1761. C'est la *Lettre de M. Eratou à M. Clocpicre (sic)*, imprimée
en tête du *Cantique des Cantiques*, qui est de 1761.

185. Conversation de M. l'intendant des menus avec l'abbé ***.
S. l. n. d. (1761), in-12 de xxiv pp.

Grimm dit que cet opuscule fut tiré à 30 exemplaires. (*Correspondance
littéraire*, éd. Tourneux, t. IV, p. 427.)
Réimpr. en 1764, dans les *Contes de G. Vadé*, p. 231.

**186. Lettre de Charles Gouju a ses frères, au sujet des RR. PP.
Jésuites.** *S. l. n. d.*, in-8 de 12 pp. — *S. l. n. d.*, in-12 de 11 pp.

L'édition en 11 pages n'a qu'un titre de départ sur lequel on lit : *Lettre
de Charles Gouju à ses frères.*
Condamn. par décret de la cour de Rome du 24 mai 1762.

187. Les Car. A Mr le Franc de Pompignan. *S. l. n. d.* (1761), in-16
de 4 pp.

188. Les Ah ! Ah ! (1761). A Moïse le Franc de Pompignan. *S. l. n.
d.*, (1761), in-16 de 3 pp.

189. Sermon du rabin Akib. *S. l. n. d.* (1761), in-8 de 15 pp. — *S. l.
n. d.* in-16 de 15 pp.

Le titre de départ porte : *Sermon du rabin Akib prononcé à Smyrne le
20 novembre 1761. Traduit de l'hébreu.*
L'édition in-16 est imprimée avec des caractères microscopiques.
Réimpr. en 1762 (avec des retranchements) dans le *Journal encyclopédique*, tome V, 2e partie, pp. 112-120 ; en 1765, dans le tome III des *Nouveaux Mélanges*, p. 72.

190. Extrait de la Gazette de Londres du 20 février 1762. *S. l.
n. d.*, in-12 de 6 pp.

Réimpr. dans les *Nouveaux Mélanges*, t. X, p. 369.

191. Testament de Jean Meslier. *S. l. n. d.* (Genève, 1761), in-8 de
63 pp.

S. l. n. d. (Genève, 1762), in-8 de 64 pp. — *S. l. n. d,* in-8 de 48 pp.[1].

L'édition en 63 pp. est de la fin de 1761 (voy. Grimm, *Correspondance
littéraire*, éd. Tourneux, t. V, p. 178), ou du commencement de 1762 (Voltaire à Damilaville, 4 février 1762). Elle ne contient pas *l'Avant-Propos.*
L'Abrégé de la vie de l'auteur (p. 1) est suivi de *l'Extrait des sentiments de Jean Meslier adressé à ses paroissiens sur une partie des abus
et des erreurs en général et en particulier* (pp. 4 et sq...).

1. L'édit. en 48 pp. fait partie d'une édition de l'*Évangile de la Raison*.

On lit, p. 63 : « Voilà le précis exact du *Testament* in-folio de Jean Mes-lier. Qu'on juge de quel poids est le témoignage d'un prêtre mourant qui demande pardon à Dieu. Ce 15ᵉ mars 1712. »

L'*Avant-Propos* a paru en 1762, dans l'édition en 64 pp. (pp. 4-5).

Réimpr. dans l'*Évangile de la raison*, 1765 (1764), in-8; dans le *Recueil nécessaire, Londres*. 1768, 2 vol. pet. in-8, tome II in fine; dans l'*Encyclo-pédie méthodique* (*Philosophie*, t. III, p. 319); et à la suite du *Bon sens puisé dans la nature* ou *Le bon sens du curé Meslier*[1], en 1792 (an I de la Ré-publique), 1822[2], 1830, 1831, 1833, 1834, 1870 (*Montevideo*, gr. in-8 de 322 pp). — L'*Abrégé de la vie de l'auteur* et l'*Avant-Propos* font partie d'une réimpression du *Bon Sens du curé Meslier* (*Paris, Librairie Anti-Cléricale*, 1880, in-18).

Condamn. par décret de la cour de Rome du 8 juillet 1765.

Le *Testament de Jean Meslier* n'a été admis que depuis 1817 dans les *OEuvres de Voltaire* (voy. l'*Avertissement* de Beuchot, t. XXIV de la pré-sente édition, p. 293).

M. Rudolph Charles (R. C. d'Ablaing von Giessenburg) a publié à Ams-terdam, en 1864 (3 vol. in-8), le *Testament de Jean Meslier*, ouvrage inédit, précédé d'une *Préface*, d'une *étude biographique*, etc...

192. BALANCE ÉGALE. *S. l. n. d.* (1762), in-12 de 11 pp.

Barbier cite une édition *s. l. n. d.* in-16 de 6 p. et 1 f. blanc que nous ne connaissons pas.

193. PETIT AVIS A UN JÉSUITE. *S. l. n. d.* (1762), in-12 de 4 pp.

194. ÉLOGE DE M. DE CRÉBILLON. *Paris.* 1762, in-8 de 1 f. de titre et 34 pp. — *Paris.* 1762, in-8 de 32 pp.

Réimpr., selon Beuchot, dans une brochure intitulée : « *Éloge de M. de Crébillon, et la critique de ses ouvrages faite en 1762, avec le factum pour la nombreuse famille du Raplerre* (parterre), *contre le nommé Giolot*[3] *Ti-calani*[4], *par M. de Voltaire* (*Lausanne?*), in-8 de 40 pp. »

Nous n'avons pas retrouvé cette brochure dans la collection Beuchot.

195. PIÈCES ORIGINALES CONCERNANT LA MORT DES SIEURS CALAS ET LE JUGEMENT RENDU A TOULOUSE. *S. l. n. d.* (*Genève*, 1762), in-8 de 22 pp.

(a) *Extrait d'une Lettre de la dame veuve Calas*, du 15 juin 1762, pp. 1-6.

, (b) *Lettre de Donat Calas fils à la dame veuve Calas, sa mère.* De Châ-telaine, 22 juin 1762, pp. 7-22.

Une réimpression de Hollande (*Amsterdam, Harlem*, etc...) a 20 pp. in-8.

196. A MONSEIGNEUR LE CHANCELIER. *S. l. n. d.* (1762), in-8 de 2 pp.

De Châtelaine, 7 juillet 1762. Signé *Donat Calas.*

---

1. Cet ouvrage du baron d'Holbach a paru en 1772. *Londres* (*Amsterdam*), petit in-8.
2. L'édition de 1822 porte le millésimo 1802. (Voy. Quérard, *les Supercheries littéraires dévoilées*, éd. Daffis, t. I, 412-113).
3. Anagramme de Joliot.
4. Anagramme de Catilina.

197. REQUÊTE AU ROI EN SON CONSEIL. *S. l. n. d.* (1762), in-8 de 2 pp.

Châtelaine, 7 juillet 1762.

Les éditions séparées de la *Lettre au chancelier* et de la *Requête au roi* n'ont pas passé sous nos yeux. — Ces deux éditions sont citées par M. Coquerel fils dans la *Bibliographie* placée à la suite de son excellent ouvrage : *Jean Calas et sa famille,* seconde édition, *Paris.* 1869, in-8, p. 486.

198. MÉMOIRE DE DONAT CALAS, POUR SON PÈRE, SA MÈRE ET SON FRÈRE (suivi de la *Déclaration de Pierre Calas*). *S. l. n. d. (Genève,* 1762), in-8 de 30 pp.

Le *Mémoire* (pp. 1-18) est daté de Châtelaine, 22 juillet 1762.
La *Déclaration* (pp. 19-30) est datée du 23 juillet 1762.
Une autre édition *s. l. n. d.* (in-8 de 40 pp. et 3 pp. non chiff.) contient un *Avis de l'éditeur* qui n'a pas été reproduit par *Beuchot.*

199. HISTOIRE D'ÉLISABETH CANNING ET DE JEAN CALAS. *S. l. n. d.* (1762), in-8 de 21 pp. — *S. l. n. d.,* in-8 de 20 pp. — *Londres,* 1762, in-8 (Catal. du British Museum).

(a) *D'Élisabeth Canning,* pp. 1-7.
(b) *Histoire des Calas,* pp. 8-20.
L'Histoire d'Élisabeth Canning et le *Mémoire de Donat Calas* ont été réimprimés, avec d'autres pièces, dans un volume intitulé : *Pièces curieuses et intéressantes concernant la famille Calas, qui ont été fournies par M. de Voltaire. Lausanne, Grasset et C*ie. 1768, in-18 de 108 pp. [1] (Coquerel, *Jean Calas,* etc... pp. 480-487. — Voyez aussi le *Recueil de différentes pièces sur l'affaire malheureuse de la famille des Calas. S. l. n. d.,* in-8).

200. IDÉES RÉPUBLICAINES PAR UN MEMBRE D'UN CORPS. *S. l. n. d. (Genève,* 1762?), in-8 de 45 pp.

Cette édition est divisée en LXVI paragraphes. — La réimpression qui fait partie de la présente édition en a LXV. Cette différence tient à ce que, dans l'édition *princeps,* on a subdivisé, à tort, le paragraphe XXXIV en 2 paragraphes (XXXIV et XXXV).

201. SERMON DES CINQUANTE. *S. l. (Genève).* 1749 (1762?), in-8 de 27 pp.[2] — *Paris, Décus.* 1878, in-16 de 40 pp.

Sur le titre on lit cette note :

« On l'attribue à *Mr du Marsaine* ou *du Marsay;* d'autres à *La Métrie;* mais il est d'un grand prince très-instruit. »

Réimpr. dans l'*Évangile de la raison;* dans *le Recueil nécessaire,* etc.
Condamn. par décret de la cour de Rome du 8 juillet 1765.

---

1. Dans les *Pièces curieuses et intéressantes concernant la famille Calas,* se trouve une *Lettre de Donat Calas à l'archevêque de Toulouse,* datée de Châtelaine, le 8 juillet 1762 (pp. 18-27). M. Coquerel croit que cette *Lettre* est de Voltaire.
2. M. Renouard cite du *Sermon des cinquante* une édition in-12, qu'il dit d'Angleterre (voyez la note de Beuchot, t. XXIV de la présente édition, p. 449). Le catalogue Paulin Paris (*Techener,* 1881, n° 3225), contient l'indication d'une édition de 1749 (1762?) in-8 de 26 pp.

202. LETTRE DE M. DE L'ÉCLUSE, CHIRURGIEN DENTISTE, SEIGNEUR DU TILLOY, PRÈS MONTARGIS, A M. SON CURÉ. AVEC UN AVIS DES ÉDITEURS ET UN HYMNE CHANTÉ A LA LOUANGE DE M. LE MARQUIS DE POMPIGNAN, A LA FIN DU JOUR DE LA FÊTE QU'IL A DONNÉE A SON VILLAGE, POUR LA BÉNÉDICTION DE L'ÉGLISE, ET QUI N'A POINT ÉTÉ IMPRIMÉE *(sic)*, AVEC LA RELATION DE CETTE FÊTE ET LE SERMON PRONONCÉ A CETTE OCCASION. *Genève. Aux dépens des chirurgiens dentistes.* In-8 de 26 pp.

LETTRE DE M. DE L'ÉCLUSE, CHIRURGIEN-DENTISTE, SEIGNEUR DU TILLOY, PRÈS DE MONTARGIS, A M. SON CURÉ : *S. l. n. d.* (Genève, 1763), in-8 de 12 pp.—*S. l. n. d.*, in-16 de 5 pp.

Avec l'*Hymne chantée au village de Pompignan* et la *Relation du voyage de M. le marquis Lefranc de Pompignan.*
L'édition in-16 n'a ni l'*Hymne* ni la *Relation.*

203. RELATION DU VOYAGE DE M. LE MARQUIS LE FRANC DE POMPIGNAN, DEPUIS POMPIGNAN JUSQU'A FONTAINEBLEAU, ADRESSÉE AU PROCUREUR FISCAL DU VILLAGE DE POMPIGNAN. *S. l. n. d.* (1763), in-16 de 4 pp.

204. CATÉCHISME DE L'HONNÊTE HOMME, OU DIALOGUE ENTRE UN CALOYER ET UN HOMME DE BIEN. *Traduit du grec vulgaire par D. J.-J. R. C. D. C. D. G*[1]. *Paris.* 1764 (1763), in-12 de 68 pp.— *S. l. n. d.*, in-12 de 23 pp.

L'édition en 23 pp. porte, p. 23, le millésime 1758, entre deux lignes horizontales doubles.
Réimpr. dans le *Recueil nécessaire, etc.*, et dans le tome VII des *Nouveaux Mélanges*, avec les initiales *D. L. F. R. C. D. C. D. G.*

205. REMARQUES POUR SERVIR DE SUPPLÉMENT A L'ESSAY SUR L'HISTOIRE GÉNÉRALE ET SUR LES MŒURS ET L'ESPRIT DES NATIONS, DEPUIS CHARLEMAGNE JUSQU'A NOS JOURS. *S. l. (Genève).* 1763, in-8 de 1 f. de titre et 86 pp.

206. INSTRUCTION PASTORALE DE L'HUMBLE ÉVÊQUE D'ALÉTOPOLIS A L'OCCASION DE L'INSTRUCTION PASTORALE DE JEAN-GEORGE, HUMBLE ÉVÊQUE DU PUY....   763).

Nous n'avons pas vu la première édition de cet opuscule; elle doit avoir 5 ou 6 pp. (voy. Fréron, *L'Année littéraire.* 1763, t. VII, p. 282).
Réimpr. à la suite de la *Lettre d'un quaker* (voyez le numéro suivant) et dans le tome III de l'*Évangile du jour.*

207. LETTRE D'UN QUAKRE *(sic)* A J.-G. LE FRANC DE POMPIGNAN, ÉVÊQUE DU PUY EN VÉLAY, ETC., ETC... ET INSTRUCTION PASTORALE DE L'HUMBLE ÉVÊQUE D'ALÉTOPOLIS. *S. l. n. d.* (1763), in-12 de 23 pp. — *S. l. n. d.*, in-8 de 21 pp.

Dans l'édition en 21 pp. le faux titre porte : *Lettre d'un quakrè*; et le titre

1. Dom Jean-Jacques Rousseau, ci-devant citoyen de Genève.

de départ : *Lettre d'un quakre à Jean-George Le Franc de Pompignan, évêque du Puy en Velay, etc. etc., et digne frère de Simon Le Franc de Pompignan.*

L'Instruction pastorale est aux pp. 17-21.

Une édition *s. l. n. d,* in-12 de 14 pp. n'a que la *Lettre d'un quakre :* c'est, croyons-nous, l'édition *princeps* de cette *Lettre.*

La *Lettre d'un quaker* a été réimprimée aussi dans les *Contes de G. Vadé.* S. l. 1764[1].

208. TRAITÉ SUR LA TOLÉRANCE. *S. l. (Genève).* 1763, in-8 de IV, 211 pp. et 1 f. d'*Errata.*

Le titre de départ porte : *Traité sur la Tolérance à l'occasion de la mort de Jean Calas.*

TRAITÉ SUR LA TOLÉRANCE : *S. l. (Genève).* 1763, in-8 de IV et 183 pp.

Les fautes signalées dans l'*Errata* de l'édition en 211 pp. sont corrigées dans l'édition en 183 pp.

TRAITÉ SUR LA TOLÉRANCE : *S. l. (Rouen?)* 1764, in-8 de IV et 210 pp. — *S. l.* 1764, in-12 de 309 pp. et 2 pp. de *Table* non chiff. — *S. l. n. d. (Amsterdam ou La Haye?)* in-8 de IV et 138 pp.[2]

Réimpr. avec des additions dans le tome II des *Nouveaux Mélanges, etc.* pp. 27 et *sq.*

Condamn. par décret de la cour de Rome du 3 février 1766.

209. DIALOGUE DU DOUTEUR ET DE L'ADORATEUR, PAR Mr L'ABBÉ DE TILLADET. AVEC LES DERNIÈRES PAROLES D'ÉPICTÈTE A SON FILS, ET LES IDÉES DE LA MOTHE LE VAYER. *S. l. n. d.* (1766?), in-8 de 24 pp.

Beuchot a classé le *Dialogue du douteur,* etc., et les *Dernières paroles d'Épictète* à l'année 1763, et les *Idées de La Mothe Le Vayer* à l'année 1751. Nous croyons que ces écrits sont de 1766; ils ont été réimprimés en 1766 dans le *Recueil nécessaire* (ce *Recueil* porte le millésime 1765) et en 1768 dans le tome VII des *Nouveaux Mélanges.*

210. LETTRE DU SECRÉTAIRE DE M. DE VOLTAIRE. *S. l. n. d. (Genève, 1763 ou 1764),* in-8 de 7 pp.

Le titre de départ porte en plus : *Au secrétaire de M. Le Franc de Pompignan.*

211. SECONDE LETTRE DU QUAKER (1764).

Nous ne connaissons pas la première édition de la *Seconde Lettre d'un quaker.*

Le dernier paragraphe de cette *Seconde Lettre* a été réimprimé en 1764, dans les *Contes de Guillaume Vadé,* et la *Lettre* entière fait partie du tome III des *Nouveaux Mélanges,* pp. 209-211.

---

1. Le dernier paragraphe de la réimpression qui fait partie des *Contes de G. Vadé* (« Ami Jean-George, je réfléchis avec douleur ») appartient à la *Seconde Lettre du quaker.* Voy. le n° 211.

2. Nous trouvons dans le catalogue Paulin Paris (*Techener,* 1881) l'indication d'une édition *s. l.,* in-12 de 191 pp., avec 1 millésime 1764 (n° 3228).

212. Commentaires sur le théâtre de P. Corneille et autres morceaux intéressants. *S. l.* 1764, 3 vol. in-12; — de 3 ff., 340 pp. et 1 f. de table; — de 2 ff., 371 pp. et 1 f. de table; — de 2 ff., 554 pp. et 1 f. de table.

A la fin du 3ᵉ volume, on trouve, avec une pagination particulière (1 à 7), la *Réponse de l'auteur des Commentaires à un académicien*. Cette *Réponse* avait déjà été imprimée à la fin du tome second du *Théâtre de Pierre Corneille avec des commentaires. S. l.* (Genève, Cramer). 1764, 12 vol. in-8, figg. (*Supplément* au tome second, pp. 1-9; voy. le tome XXV de la présente édition, p. 223.)

« L'édition séparée des notes et commentaires ajoutés par Voltaire à l'édition du *Théâtre de Pierre Corneille,* publiée par lui en 1764, paraît, dit M. Picot, le savant bibliographe de Corneille, avoir été faite sans sa participation ». (*Bibliographie Cornélienne,* p. 451). — Cependant les fleurons qui se trouvent sur les frontispices de ces trois volumes sont ceux des impressions des Cramer.

Quérard cite deux réimpressions séparées des *Commentaires* (*Paris, Duchesne et Despilly.* 1764, 2 vol. pet. in-12 et 2 vol. in-12 (*sic*); et *Paris, P. et F. Didot.* 1806, 4 vol. in-18 et in-12. Édition stéréotype. *Bibliogr. Volt.,* p. 63); M. Picot signale deux autres réimpressions, l'une de 1765, avec quelques additions (*Amsterdam* et *Leipsic,* 2 parties in-12); l'autre de 1851 (*Paris, Didot,* in-18).

Les *Commentaires* de Voltaire ont été réimprimés dans les éditions suivantes des *OEuvres de P. Corneille*: *S. l.* (Genève). 1765. — Genève (Berlin). 1774. — *Paris,* an IX. — *Paris* (impr. de Cordier). 1817. — *Paris* (impr. Crapelet). 1817. — *Paris, Janet* et *Cotelle.* 1821. — *Paris, Lefèvre.* 1824. — *Paris, Desbleds.* 1838. — *Paris, Didot et Lefèvre.* 1854. — *Paris, Hachette.* 1862-1868 (Les *Grands Écrivains de la France*).

213. Supplément du Discours aux Welches avec une Lettre du libraire de l'Année littéraire a M. V. et la Réponse de M. V. à cette lettre. *S. l. (Paris, Lambert).* 1764, in-8 de 21 pp.

L'*Avertissement* est aux pp. 5-8.
Réimp. dans la seconde édition des *Contes de G. Vadé.*

214. Doutes nouveaux sur le testament attribué au cardinal de Richelieu, par Mr de Voltaire. *Genève* et *Paris, Duchesne,* 1765, in-8 de 71 pp. — *S. l. n. d.,* in-8 de 73 pp.

Les *Doutes nouveaux,* etc., parurent à la fin d'octobre ou au commencement de novembre 1764 (voy. *Mémoires secrets,* t. II, p. 112).

La *Lettre écrite depuis l'impression des Doutes* fait partie de la première édition (pp. 65-71).

Réimpr. en 1765 dans le tome Iᵉʳ des *Nouveaux Mélanges,* etc... pp. 259 et *sq.*

L'édition *s. l. n d.* contient l'*Arbitrage entre M. de Voltaire et M. de Foncemagne* (pp. 51-73).

215. Sentiment des Citoyens. *S. d.* (1764), in-8 de 8 pp.

Nous n'avons pas vu la première édition du *Sentiment des citoyens.* Grimm dit qu'elle est intitulée : *Sentiments* (*sic*) *des citoyens sur les Lettres écrites de la Montagne. (Correspondance littéraire,* édit. Tourneux, t. VI, p. 199). Mais son véritable titre doit être : *Sentiment des citoyens.* En effet, une réimpression de cet opuscule est intitulée : *Réponse aux Lettres écrites de la Montagne, publiée à Genève sous ce titre : Sentiment des citoyens. Genève et Paris, Duchesne.* 1765, in-8 de 22 pp. — On lit également dans cette réimpression (p. 21) : « Il a paru depuis quelques jours une brochure de 8 pages in-8 sous le titre de *Sentiment des citoyens.* » Enfin, le titre de départ de la *Réponse aux Lettres écrites de la Montagne* porte : *Sentiment des citoyens* (p. 5). On trouve aux pp. 3-4 la Lettre de J.-J Rousseau, du 6 janvier 1765, qui est reproduite dans la présente édition, t. XXV, p. 309.

Sur le *Sentiment des citoyens,* voy. Desnoiresterres, *Voltaire et Rousseau,* pp. 350 et sq.

216. ARBITRAGE ENTRE M. DE VOLTAIRE ET M. DE FONCEMAGNE. *S. l. (Genève) n. d.* (1764), in-8 de 23 pp.

La page 11 est paginée 61; p. 13 on lit *validité* pour *vénalité.*

L'Arbitrage a dû, sinon paraître, du moins être imprimé avant le *Sentiment des citoyens* (Voy. Grimm, *Correspondance littéraire,* 15 décembre 1764).

Réimpr. dans le tome Ier des *Nouveaux Mélanges,* etc..., p. 311, sous ce titre : *Arbitrage entre M. de V... et M. de Foncemagne;* et à la suite des *Doutes nouveaux sur le testament attribué au cardinal de Richelieu* (Voy. le n° 214).

247. MANDEMENT DU RÉVÉRENDISSIME PÈRE EN DIEU ALEXIS, ARCHEVÊQUE DE NOVOGOROD-LA-GRANDE. *S. l. n. d.* (1765), in-8 de 21 pp. — *S. l. n. d.,* in-8 de 15 pp.

Dans l'édition en 21 pp., après le titre de départ, on lit ces mots : *Deutera — ton — pia — nepsiou* [1]. — Il y a : *Deutera tou pianepsiou* dans l'édition en 15 pp. Le *Permis d'imprimer* (p. 15) est signé : *Christophe Borkerof, lieutenant de police de Novogorod la Grande.*

L'édition en 15 pp. sort, croyons-nous, des presses des *Cramer.*

Réimpr. par les éditeurs de Kehl, t. XLVI, p. 215.

218. QUESTIONS SUR LES MIRACLES À MR LE PROFESSEUR CL..., PAR UN PROPOSANT. *S. l. n. d.* (Genève, 1765), in-8 de 20 pp. (C'est la première *Lettre*). — **AUTRES QUESTIONS D'UN PROPOSANT A MR LE PROFESSEUR EN THÉOLOGIE SUR LES MIRACLES.** *S. l. n. d.* (Genève, 1765), in-8 de 14 pp. (C'est la seconde *Lettre*). — **TROISIÈME LETTRE DU PROPOSANT A M. LE PROFESSEUR EN THÉOLOGIE.** *S. l. n. d.* (Genève, 1765), in-8 de 13 pp. — **QUATRIÈME LETTRE DU PROPOSANT A M. LE PROFESSEUR ET REMERCIEMENTS A SES EXTRÈMES BONTÉS.** *S. l. n. d.* (Genève, 1765), in-8 de 8 pp. — **CINQUIÈME LETTRE DU PROPOSANT A M. N. (NÉEDHAM)** *S. l. n. d.* (Genève, 1765), in-8 de 4 pp [2]. — **SIXIÈME LETTRE SUR LES MIRACLES, LAQUELLE N'EST PAS D'UN PROPOSANT.** *S. l. n. d.* (Genève, 1765), in-8 de 9 pp. —

---

1. Ce qui répond au 12 octobre des Franks. (Note de Voltaire).
2. Cette cinquième *Lettre* manque dans la collection Beuchot; quant à l'exemplaire de la Bibliothèque nationale (D² 12140), il ne se compose que d'un f. de titre. Barbier (*Dictionnaire des ouvrages anonymes,* éd. Daffis, t. III, 1160) dit que cette *cinquième Lettre* a 4 pp.

SEPTIÈME LETTRE DE M. COVELLE SUR LES MIRACLES. S. l. n. d. (Genève, 1765), in-8 de 4 pp. — HUITIÈME LETTRE SUR LES MIRACLES ÉCRITE PAR LE PROPOSANT. S. l. n. d. (Genève, 1765), in-8 de 7 pp. — NEUVIÈME LETTRE SUR LES MIRACLES, ÉCRITE PAR LE JÉSUITE DES ANGUILLES. S. l. n. d. (Genève, 1765), in-8 de 7 pp. — DIXIÈME LETTRE ÉCRITE A L'OCCASION DES MIRACLES, PAR MR COVELLE, CITOYEN DE GENÈVE, A MR ***, PASTEUR DE CAMPAGNE. S. l. n. d. (Genève, 1765), in-8 de 7 pp. — ONZIÈME LETTRE A L'OCCASION DES MIRACLES, ÉCRITE PAR LE PROPOSANT A M. COVELLE. S. l. n. d. (Genève, 1765), in-8 de 8 pp. — DOUZIÈME LETTRE DU PROPOSANT A M. COVELLE, CITOYEN DE GENÈVE, A L'OCCASION DES MIRACLES. S. l. n. d. (Genève, 1765), in-8 de 7 pp. — TREIZIÈME LETTRE A L'OCCASION DES MIRACLES, ADRESSÉE PAR M. COVELLE A SES CHERS CONCITOYENS. S. l. n. d. (Genève, 1765), in-8 de 7 pp. — QUATORZIÈME LETTRE A L'OCCASION DES MIRACLES, A M. COVELLE, CITOYEN DE GENÈVE, PAR M. BEAUDINET, CITOYEN DE NEUFCHATEL. S. l. n. d. (Genève, 1765), in-8 de 12 pp. — QUINZIÈME LETTRE A L'OCCASION DES MIRACLES, PAR M. BEAUDINET, CITOYEN DE NEUFCHATEL, A M. COVELLE, CITOYEN DE GENÈVE. S. l. n. d. (Genève, 1765), in-8 de 7 pp. — SEIZIÈME LETTRE DU PROPOSANT. S. l. n. d. (Genève, 1765), in-8 de 8 pp. [1]

Nous n'avons vu aucune édition séparée des Lettres XVII à XX. — (La Collection des Lettres sur les miracles se compose de vingt Lettres.) Nous savons par Grimm (Correspondance, éd. Tourneux, t. VI, p. 474), que la Vingtième Lettre avait paru en janvier 1766; le bruit courait qu'il y en avait une vingt et unième de Mlle Le Vasseur, gouvernante de M. Rousseau, à Mlle Ferbot [2].

Les vingt Lettres sur les miracles ont été réimprimées sous le titre suivant :

COLLECTION DES LETTRES SUR LES MIRACLES, ÉCRITES A GENÈVE ET A NEUFCHATEL PAR MR LE PROPOSANT THÉRO, MR COVELLE, MR NÉEDHAM, MR BEAUDINET ET MR DE MONTMOLIN, ETC. Neufchâtel (Genève). 1765, in-8 de 232 pp.

PP. 5 à 198 : Les vingt Lettres.

PP. 199-216. Réponse du jésuite Néedham. (Voy. t. XXV de la présente édition, p. 437.)

PP. 217-232. Dissertation sur les Miracles, par M. J.-J. Rousseau, tirée de la troisième Lettre écrite de la Montagne. (Voy. le même tome, p. 419.)

LE MÊME RECUEIL : Neufchatel. (La Haye ou Amsterdam?) 1767 (1765?). Petit in-8 de 2 ff. de titre et 258 pp.

Réimpression de l'édition avec le millésime 1765. P. 220 on lit : Réponse au jésuite Néedham, au lieu de : Réponse du jésuite, etc...

QUESTIONS SUR LES MIRACLES, EN FORME DE LETTRES, A MR LE PROFESSEUR CL..., PAR UN PROPOSANT. Genève. 1767 (1765?), in-12 de 1 f. de titre et 126 pp.

Sur cette édition, qui ne contient que les seize premières Lettres, voy.

_____

1. Cette seizième Lettre avait paru en novembre 1765 (Voy. Grimm, Correspondance littéraire, éd. Tourneux, t. II, p. 418).

2. Cette Lettre n'a jamais été imprimée ou n'a jamais existé.

l'*Avertissement* de Beuchot, t. XXV de la présente édition, pp. 357 et 358.

QUESTIONS SUR LES MIRACLES, A M. CLAPARÈDE, PROFESSEUR DE THÉOLOGIE A GENÈVE, PAR UN PROPOSANT, OU EXTRAIT DE DIVERSES LETTRES DE M. DE VOLTAIRE, AVEC DES RÉPONSES PAR M. NÉEDHAM, DE LA SOCIÉTÉ ROYALE DES SCIENCES, ETC. *Londres et Paris, Crapart.* 1769, in-8 de 116 pp.

Cette édition ne contient que des *Extraits* des *Lettres sur les Miracles.*

Les *Questions sur les Miracles* ont été réimprimées dans le tome XIX des *Nouveaux Mélanges*, pp. 255 et sq.; dans les *Pièces détachées, etc.*, t. IIe (XXXIXe, de l'édit. encadrée), p. 313, etc.

219. LE PRÉSIDENT DE THOU JUSTIFIÉ CONTRE LES ACCUSATIONS DE M. DE BURI, AUTEUR D'UNE VIE DE HENRI IV. S. l. n. d. (*Genève, 1766*), in-8 de 38 pp.

Réimpr. dans le tome V des *Nouveaux Mélanges*, p. 287, et à la suite de l'*Examen de la nouvelle histoire de Henri IV de M. de Bury, par le marquis de B**** (Belestat, ou plutôt par La Beaumelle), *Genève, Philibert.* 1768, pp. 71-98. *Cf* le tome II de l'*Évangile du jour.*

Les réimpressions qui font partie de l'*Examen de la nouvelle histoire de Henri IV* et du tome II de l'*Évangile du jour* sont augmentées de trois lettres de Henri IV, qui avaient paru, en 1761, dans le tome V de l'*Essai sur l'histoire générale.*

L'*Examen de la nouvelle histoire, etc.*, a été aussi réimprimé dans le tome II de l'*Évangile du jour;* les notes qui accompagnent cette réimpression sont de Voltaire; elles n'ont pas été reproduites dans ses *OEuvres.* Citons aussi une édition de l'*Examen de la nouvelle histoire, etc.*, suivi de la brochure de Voltaire : *Le président de Thou justifié, etc...* (*Londres*, 1769, in-8 de 76 pp.) Cette réimpression est conforme à celle du tome II de l'*Évangile du jour.*

220. LETTRE CURIEUSE DE M. ROBERT COVELLE, CÉLÈBRE CITOYEN DE GENÈVE, A LA LOUANGE DE M. LE PROFESSEUR VERNET, PROFESSEUR EN THÉOLOGIE DANS LA MÊME VILLE. *Dijon, Brocard.* 1766, in-8 de 14 pp. — *Lyon, les frères Périsse.* 1766, in-8.

Nous donnons le titre, adresse, date, etc..., de l'édition de *Dijon*, d'après le *Mémoire présenté à Mr le premier sindic*, par Jacob Vernet *S. l.* 1766, in-8, p. 3. — Vernet, dans un *Poscrit* du 20 juillet 1766, parle d'une 2e édition, dans laquelle Voltaire avait ajouté six lignes qui ne contiennent qu'une invective de plus : est-ce l'édition de *Lyon*, signalée par Quérard (*Bibliogr. volt.*, p. 60)? La *Lettre de M. Robert Covelle, etc.*, a été réimprimée par les éditeurs de Kehl, t. XLIX, p. 201.

221. RELATION DE LA MORT DU CHEVALIER DE LA BARRE, PAR M. CASS*** (Cassen), AVOCAT AU CONSEIL DU ROI. A M. LE MARQUIS DE BECCARIA. S. l. 1766 (ou 1768?), in-8 de 24 pp.

Nouvelle édition. Amsterdam (Genève). 1768, in-8 de 30 pp.

L'édition en 24 pp. est sans frontispice; elle est datée du 15 juillet 1766. Cependant, s'il faut en croire Grimm, elle ne parut qu'en 1768 (Voy. *Correspondance littéraire*, éd. Tourneux, t. VIII, p. 47).

Ce qui est certain, c'est que la *Relation* fut écrite en 1766 (Voy. Voltaire à Damilaville, 14 juillet; — au comte de Rochefort, 16 juillet; — à d'Alembert, 18 juillet 1766).

Le faux titre de l'édition en 30 pp. porte : *Relation, etc... Nouvelle édition très exacte.* Sur le titre on lit : *Relation, etc., écrite en 1766. Nouvelle édition.*

Réimpr. dans le tome Ier des *Choses utiles et agréables*, p. 267; à la suite de la *Canonisation de saint Cucufin*, éd. d'*Amsterdam*, 1769; dans les *Questions sur l'Encyclopédie* (Septième partie, 1771, au mot *Justice*)[1], etc.

Beuchot a recueilli plusieurs variantes tirées d'une édition de 1775 : il faut lire 1776. C'est la réimpression qui fait partie du volume intitulé : *Recueil intéressant sur l'affaire de la mutilation du crucifix d'Abbeville, etc... Londres.* 1776, pp. 96-129.

222. APPEL AU PUBLIC SUR LES PARRICIDES IMPUTÉS AUX CALAS ET AUX SIRVEN. *S. l. n. d. (Genève,* 1766), in-8 de 34 pp. — *S. l. n. d.,* in-8 de 30 pp.

Réimpr. dans les *Nouveaux Mélanges, etc.*, t. IV, p. 222, *etc.*

223. COMMENTAIRE SUR LE LIVRE DES DÉLITS ET DES PEINES, PAR UN AVOCAT DE PROVINCE, *S. l. (Genève).* 1766[2], in-8 de VIII et 120 pp.— *Nouvelle édition corrigée et augmentée. S. l. (Genève),* 1767, in-12 de 2 ff. de titre, 121 pp. et III pp. de *table.*

Les fautes signalées dans l'*errata* de l'édition en 120 pp. sont corrigées dans l'édition en 121 pp. Grimm dit que cette dernière édition est augmentée du double (*Correspondance,* éd. Tourneux, t. VII, p. 164); les augmentations se bornent à l'addition d'un passage omis en 1766. (Voy. p. 61 et suiv.)

Réimpr. dans le tome IV des *Nouveaux Mélanges, etc.*, pp. 343-402. Plusieurs paragraphes du *Commentaire* ont été reproduits par Voltaire dans le *Précis du siècle de Louis XV* et dans les *Questions sur l'Encyclopédie.*

Le *Commentaire sur le livre des Délits et des Peines* a été réimprimé en 1821, à la suite d'une traduction nouvelle du *Traité* de Beccaria. (*Paris, Dalibon,* 1821, in-8.)

Condamn. par décret de la cour de Rome, du 19 juillet 1768.

224. A LETTER FROM MR VOLTAIRE TO MR JEAN-JACQUES ROUSSEAU. *London, J. Payne.* 1766, in-12 de 2 ff. et 84 pp.

C'est la *Lettre au docteur Pansophe.* Nous croyons, avec M. Moland, (Voy. son *Avertissement,* t. XXVI, pp. 17-19) que cette *Lettre* est de Voltaire. Elle a paru d'abord en anglais et en français; les deux textes sont en regard l'un de l'autre.

Le faux titre porte : *A Letter from Mr Voltaire to Doctor John James Rousseau.*

Le titre de départ de la version française (p. 2) porte : *Lettre de M. de Voltaire au docteur J.-J. Pansophe.*

---

1. Sous le titre de *Lettre de Mr Cass... à Mr Beccaria.*
2. Il existe deux éditions avec le millésime 1766 : l'une et l'autre ont VIII et 120 pp.; elles diffèrent par les fleurons, lettres initiales, etc.; nous les croyons sorties toutes les deux des presses des *Cramer.*

Réimpr. dans la brochure intitulée *le Docteur Pansophe, ou Lettres de M. de Voltaire. Londres (Paris).* 1766, in-12 de 44 pp.; et dans l'*Exposé succinct de la contestation qui s'est élevée entre M. Hume et M. J.-J. Rousseau, etc.; auquel on a joint le Docteur Pansophe. Londres.* 1766, in-12 de 132 pp. [1].

Sur l'*Exposé succinct,* etc., voy. la *Correspondance de Grimm,* éd. Tourneux, t. VII, pp. 139-146. — Réimpr. dans le tome III des *Choses utiles et agréables,* pp. 243 et sq.

225. Lettre de M. de Voltaire a M. Hume. *S. l. (Genève).* 24 octobre 1766, in-8 de 14 pp.

Réimpr. dans le *Docteur Pansophe* et dans l'*Exposé succinct,* etc.
Dans ces deux réimpressions, on a omis la phrase suivante : « Quelques ex-jésuites ont fourni à des évêques des libelles diffamatoires sous le nom de Mandements : les Parlements les ont fait brûler. » — Cf Grimm, *Correspondance,* éd. Tourneux, t. VII, p. 162.

226. Notes sur la lettre de M. de Voltaire a M. Hume, par M. L... *S. l. n. d. (Genève, 1766),* in-12 de 32 pp.

Dans la *Déclaration de l'éditeur* (pp. 31-32) on lit : *Ces remarques sont d'un magistrat.* — Le désaveu de Voltaire : « Je n'ai jamais écrit la *Lettre au Docteur Pansophe,* etc., » (ibid.) est daté du 1er décembre 1766. Voy. un autre désaveu daté du 29 décembre dans le *Mercure* de janvier 1767, t. II, pp. 88-89.

227. Le philosophe ignorant. *S. l. (Genève).* 1766, in-8 de VII et 171 pp. Édition encadrée.

Contient aussi :
P. 134. *Petite Digression* (sur les Quinze-Vingts.)
P. 137. *Avanture (sic) indienne traduite par l'ignor[ant].*
P. 143. *Petit commentaire de l'ignorant sur l'Éloge du dauphin de France,* composé par *M. Thomas.*
P. 155. *Supplément au Philosophe ignorant : André Deslouches à Siam.*

Autres éditions : *S. l. (Londres).* 1766, in-8 de IX et 211 pp. (Avec l'*Avis au public sur les parricides,* etc...). — *S. l.* 1766, in-8 de VII et 108 pp. (édit. encadrée). — *S. l. (Amsterdam ou La Haye).* 1766, in-8 de 3 ff. non chiff. et 120 pp. (Au verso du titre on lit : *Par M. A..... de V.....,* gentilhomme jouissant de cent mille livres de rente, connaissant toutes choses, et ne faisant que radoter depuis quelques années. Ah ! public, recevez ces dernières paroles avec indulgence. Ne contient pas le *Supplément*). — *S. l.* 1766, in-8 de 2 ff. non chiff. et 107 pp. — *S. l.* 1767, in-8 de 2 ff. non chiff. et 108 pp. (*Nouvelle édition corrigée*). — *Augsbourg.* 1767, in-8.

Réimpr. dans les *Nouveaux Mélanges,* t. IV, p. 255, sous le titre de : *Questions d'un homme qui ne sait rien.*

1. La première édition de l'*Exposé succinct,* etc. (*Londres,* 1766, in-12 de XVI et 127 pp.) ne contient pas la *Lettre au docteur Pansophe.*

228. Lettre d'un membre du Conseil de Zurich a M. D***, avocat a Bezançon. *S. l. n. d. (Genève,* 1767), in-8 de 7 pp.

Réimpr. dans le tome III de *l'Évangile du jour.*

229. Anecdote sur Bélisaire. — Seconde anecdote sur Bélisaire (par l'abbé Mauduit, qui prie qu'on ne le nomme pas). *S. l. n. d. (Genève,* 1767), in-8 de 15 pp.

Nous ne saurions dire si les *Anecdotes sur Bélisaire* ont paru en même temps, ou si la seconde a été publiée quelque temps après la première. Il semble résulter d'un passage de la *Correspondance de Grimm* (éd. Tourneux, t. VII, p. 342) et de la correspondance de Voltaire avec d'Alembert, des 6 avril, 3, 4, 23 mai, etc., 1767 que les deux *Anecdotes* furent écrites et imprimées à quelques semaines d'intervalle. — Mais d'un autre côté, les *Mémoires secrets* parlent, dès le 31 mars, d'*Anecdotes sur Bélisaire* « que M. de Voltaire vient de répandre »[1].

L'édition en 15 pp. fait partie du premier cahier des *Pièces relatives à Bélisaire (Amsterdam et Genève.* 1767, in-8). Ce sont, croyons-nous, des exemplaires de la première édition des *Anecdotes sur Bélisaire* qui forment ce premier cahier, pour lequel on fit un faux titre (*Pièces relatives à Bélisaire*), un titre (*Pièces relatives à Bélisaire. Premier cahier. Amsterdam,* 1767), et qu'on augmenta d'un *Extrait d'une Lettre écrite de Genève à M***
sur la liste imprimée des propositions que la Sorbonne a extraites de Bélisaire pour les condamner* (pp. 17-19)[2].

Le *second cahier des Pièces relatives à Bélisaire (Genève.* 1767, in-8 de 2 ff. et 13 pp.) contient *l'Honnêteté théologique. L'Honnêteté théologique* a été désavouée par Voltaire ; mais il l'a « rebouisée », selon l'expression de Grimm, et nous pensons, avec M. Tourneux, qu'elle aurait pu trouver place dans ses *OEuvres,* au même titre que *le Tombeau de la Sorbonne,* etc. (Voy. la *Correspondance de Grimm,* éd. Tourneux, t. VII, p. 419 et t. VIII, p. 224.)

Le *troisième cahier des Pièces relatives,* etc. (Genève. 1767, in-8) a 2 ff. de titre, 17, 16 et 21 pp.[3].

Le *quatrième cahier (Genève.* 1767, in-8) a 1 f. de titre et 47 pp.

Enfin le *cinquième cahier (S. l. n. d.)* a 1 f. paginé o (sic) et 15 pp., ou 15 pp.

Ce cinquième cahier renferme deux lettres et un billet de Voltaire.

Il existe des *Pièces relatives à Bélisaire*[4] une édition (de Paris), dans

1. La plus ancienne édition que nous connaissions des *Anecdotes sur Bélisaire* contient les deux *Anecdotes* à la suite l'une de l'autre. Voyez cette édition imprimée à Genève (*s. l. n. d.,* in-8 de 15 pp.) dans le premier cahier des *Pièces relatives à Bélisaire.*

2. Nous avons tout lieu de croire que ce morceau est de Voltaire ; il n'a pas été recueilli dans ses *OEuvres.*

3. Il y a des exemplaires qui n'ont qu'un f. de titre, 17 et 21 pp.; d'autres qu'un f. de titre et 21 pp.; d'autres enfin qu'un f. de titre et 17 pp.

4. Il ne faut pas confondre les *Pièces relatives à Bélisaire* avec les *Pièces relatives à l'examen de Bélisaire,* par M. de Legge, *Paris, de Hansy le jeune,* 1768, in-12. C'est dans ce volume que se trouve la lettre de Voltaire à M. ***, dont parle Quérard (*Bibliogr. Volt.,* n° 283) et *Supercheries littéraires dévoilées,* éd. Daffis, II, 1075). Cette lettre, adressée à Cogé, est imprimée dans la Correspondance (année 1767, 27 juillet). — Voyez, dans la *Correspondance de Grimm,* éd. Tourneux, t. VIII, pp. 29 et 30, une autre lettre de Voltaire à Cogé, datée du 15 décembre 1767, et intitulée *la Défense de mon maître.* Cette lettre, signée *Valentin,* et écrite au nom du valet de Voltaire, a été imprimée (moins les trois derniers alinéas) en 1825, dans les OEuvres de Voltaire, sous le titre de : *Réponse catégorique au sieur Cogé. Cf* la présente édition, t. XXVI, p. 529.

laquelle on ne trouve pas l'*Honnêteté théologique*. Dans cette réimpression in-12, les *Anecdotes sur Bélisaire et l'Extrait d'une Lettre écrite de Genève à M**** forment un cahier de 22 pp.

Les *Anecdotes sur Bélisaire* ont été aussi réimprimées dans le tome VII des *Nouveaux Mélanges*, pp. 33, 40, et dans le tome III de l'*Évangile du jour*. La première *Anecdote* fait aussi partie du *Fragment des instructions pour le prince royal de**** (voy. le n° 239); elle y est datée du 20 mars 1767. Une réimpression des *Fragments* avec le millésime 1768 contient les deux *Anecdotes* (pp. 37-50) [1].

230. LES HONNÊTETÉS LITTÉRAIRES, ETC., ETC., ETC. *S. l. (Genève).* 1767, in-8 de 2 ff. de titre et 189 pp.

La XXVIe *Honnêteté* est suivie (pp. 166-189) d'une *Lettre à l'auteur des Honnêtetés littéraires*; cette *Lettre* est de Voltaire.

LES HONNÊTETÉS LITTÉRAIRES PAR MR DE V***. *S. l.* 1767, in-8 de 96 pp.
Cf *Nouveaux Mélanges*, t. XIX, p. 101.

231. LES QUESTIONS DE ZAPATA, TRADUITES PAR LE SIEUR TAMPONET, DOCTEUR DE SORBONNE. *Leipzig (Genève).* 1766 (1767). in-8 de 53 pp. Édition encadrée.

Il existe de cette première édition une contrefaçon, également encadrée, avec mêmes titre, lieu, date, format et nombre de pages.

AUTRES ÉDITIONS : *Leipzig.* 1766, in-8 de 1 f. et 43 pp. — *Leipzig (Genève).* 1766, in-8 de 35 pp. Titre encadré.

Cf *Nouveaux Mélanges*, t. VII, p. 50.
Condamn. par décret de la cour de Rome du 29 novembre 1771.

232. LETTRE DE M. DE VOLTAIRE. *S. l. n. d. (Genève, 1767),* in-8 de 4 pp.

On lit au bas de la page 4 : « Fait au château de Ferney, 24 avril 1767. Voltaire. » — Voyez la présente édition, t. XXVI, pp. 101-103.

233. L'EXAMEN IMPORTANT DE MILORD BOLINGBROKE, ÉCRIT SUR LA FIN DE 1736. Nouvelle édition corrigée et augmentée sur le manuscrit de l'illustre auteur. *S. l. (Genève).* 1767, in-8 de 230 pp.

La première édition de l'*Examen important* fait partie du *Recueil nécessaire*, Leipsik (Genève), 1765 (1766), in-8, pp. 151-200. (Voy. *Ouvrages dont Voltaire a été l'éditeur*). Le *Recueil nécessaire* est de 1766 (voy. Grimm, *Correspondance littéraire*, éd. Tourneux, t. VII, pp. 127-128 et 147-148).

Sur l'*Examen important*, voyez la note de Beuchot, t. XXVI de la présente édition, pp. 105-106.

AUTRES ÉDITIONS DE l'*Examen important* : *Londres.* 1771, in-8 de VIII et 190 pp. (Neuvième édition en français. Accompagnée des notes de Mr M..... éditeur de ses ouvrages, avec la *Lettre de milord Cornsbury à milord Bolingbroke,*

1. PP. 59-61 : *Lettre de l'archevêque de Cantorbéry à l'archevêque de Paris.*

pp. 187-190). — *Londres.* 1775, in-8 de 4 ff. non chiff. et 118 pp.— *Londres.* 1776. in-8 de vIII et 216 pp. (Dixième édition corrigée et considérablement augmentée)

Cf *Nouveaux Mélanges*, t. XVIII, pp. 133-330, et *Pièces détachées attribuées à divers hommes célèbres*, t. III, pp. 214-357.

Condamn. par décret de la cour de Rome du 29 novembre 1771.

234. LETTRE SUR LES PANÉGIRIQUES, PAR IRÉNÉE ALÉTHÈS, PROFESSEUR EN DROIT DANS LE CANTON SUISSE D'URI. *S. l. n. d. (Genève,* 1767), in-8 de 15 pp. — *S. l. n. d.,* in-8 de 15 pp. (avec fleuron, p. 1);— *La Haye, Frédéric Straatman.* 1767, in-8 (d'après Quérard, *Bibliogr. volt.,* p. 67).

Cf *Nouv. Mélanges,* t. IX, p. 212; — *Évangile du jour,* t. III.

235. HOMÉLIES PRONONCÉES A LONDRES, EN 1765, DANS UNE ASSEMBLÉE PARTICULIÈRE. *S. l. (Genève).* 1767, in-8 de 78 pp.

Quatre Homélies.
Réimpr. sous le titre suivant : *les Quatre Homélies prêchées à Londres. Seconde édition,* etc... *S. l. (Genève),* 1757 (1767), in-8 de 96 pp. (Avec des additions).
Cf *Nouveaux Mélanges*, t. VI, p. 293, et le *Recueil nécessaire* (éd. de 1768) t. I, p. 173.

236. MÉMOIRE POUR ÊTRE MIS A LA TÊTE DE LA NOUVELLE ÉDITION QU'ON PRÉPARE DU SIÈCLE DE LOUIS XIV, ET POUR ÊTRE DISTRIBUÉ A CEUX QUI ONT LES ANCIENNES. (1767), in-8 de 15 pp.

Sur ce Mémoire, voyez la *Préface* de Beuchot, en tête de la *Table alphabétique et analytique* de son édition (*Paris,* 1840) et la note de M. Moland (t. XXVI de la présente édition, p. 355).

237. LA DÉFENSE DE MON ONCLE. *S. l. n. d. (Genève).* 1767, in-8 de 1 f., VIII et 134 pp. (paginées 3-136).

Pages I-IV *Avertissement essentiel ou inutile. — Table des Chapitres* pp. V-VIII.

AUTRES ÉDITIONS : *Genève.* 1767, in-8 de vIII et 100 pp. (sous le titre de : *la Défense de mon oncle contre ses infâmes persécuteurs,* par A....t de V***) — *Genève.* 1768, in-8 de 111 pp. — *Londres.* 1768, in-8 de 103 pp. et 2 ff. de table. — *Londres.* 1773, in-8 (d'après Quérard, *les Supercheries littéraires dévoilées,* éd. Daffis, 1, 474).

Cf *Nouv. Mélanges,* t. VII, p. 128.
Condamn. par décret de la cour de Rome du 29 novembre 1771.

238. A WARBURTON. *S. l. n. d. (Genève,* 1767), in-8 de 6 pp.

Réimpr. dans les *Choses utiles et agréables.* (1769), t. II, p. 124, et dans le tome III de l'*Évangile du jour.*

239. FRAGMENT DES INSTRUCTIONS POUR LE PRINCE ROYAL DE ***. *Berlin (Genève).* 1767, in-8 de 77 pp. Édition encadrée.

Il doit y avoir des exemplaires avec le millésime 1766. (Voy. Grimm, *Correspondance littéraire,* éd., Tourneux, t. VII, p. 349).

A la suite du *Fragment des Instructions, etc...* on trouve :
1° *Du Divorce*, p. 41.
2° *De la liberté de conscience*, p. 49.
3° *Anecdote* (première) *sur Bélisaire*, p. 58.

AUTRES ÉDITIONS : *Berlin.* 1767, in-8 de 56 pp. (édit. encadrée). — *Londres.*
1767, in-8 de 30 pp. — *Berlin* (*Genève*). 1768, in-8 de 64 pp. (Édit. encadrée.
Elle contient de plus que l'édition encadrée en 77 pp. la *Seconde anecdote sur Bélisaire* et la *Lettre de l'archevêque de Cantorbéry à l'archevêque de Paris.*)

Cf *Nouveaux Mélanges,* t. IX, p. 202.

240. ESSAI HISTORIQUE ET CRITIQUE SUR LES DISSENTIONS (*sic*) DES
ÉGLISES DE POLOGNE, PAR JOSEPH BOURDILLON, PROFESSEUR EN DROIT
PUBLIC. *Basle (Genève).* 1767, in-8 de 54 pp.

Réimpr. dans les *Nouveaux Mélanges,* t. VII, p. 5, et dans le tome III de
l'Évangile du jour.
Condamn. par décret de la cour de Rome du 12 décembre 1768.

241. LETTRES A SON ALTESSE MONSEIGNEUR LE PRINCE DE *** (Bruns-
wick) SUR RABELAIS ET SUR D'AUTRES AUTEURS ACCUSÉS D'AVOIR MAL PARLÉ
DE LA RELIGION CHRÉTIENNE. *Amsterdam, Marc-Michel Rey (Genève).*
1767, in-8 de 2 ff. de titre et 144 pp.

Dix Lettres.
Une édition, avec le nom de *Londres* et le millésime 1768[1] (in-12 de
3 ff. non chiff. et 111 pp.), a un double frontispice : l'un est pareil à celui
de l'édition en 144 pp.; l'autre porte : *Catalogue raisonné des esprits forts
depuis le curé Rabelais jusqu'au curé Jean Meslier, dressé par M. P. V.,
professeur en théologie. Berlin, I. Pauli,* 1768.
On trouve aux pp. 109-111 un morceau qui n'est pas de Voltaire.
Réimpr. dans les *Nouveaux Mélanges,* t. VII, p. 233, et dans le tome III
de *l'Évangile du jour.*

242. LE DINER DU COMTE DE BOULAINVILLIERS, PAR MR ST-HIACINTE (*sic*).
S. l. (Genève). 1728 (1767), in-8 de 1 f. de titre et 60 pp.

Le faux titre porte : *le Dîner du comte de Boulainvilliers.* C'est la première édition. (Voy. Grimm, *Correspondance littéraire,* éd. Tourneux, 1er janvier 1768, t. VIII, p. 9.)

AUTRES ÉDITIONS : *S. l.* (En Hollande). 1728 (1767), in-8 de 60 pp. (Édition
imprimée en caractères plus gros que celle de Genève; la page 1 est paginée
1-2, tandis que cette même page est paginée 3-4 dans la première édition).—*S. l.
n. d.* (*Genève*), in-8 de 62 pp. — *S. l. n. d.* (*Genève*), in-8 de 47 pp. (Le faux titre
porte : « *Dîner du comte de Boulainvilliers par Mr St-Hiacinte*). — *Rome. Avec
la permission du Saint-Père (Berlin?),* in-8 de 2 ff. de titre et 56 pp.

Réimpr. en 1769 dans le tome Ier des *Choses utiles et agréables,* p. 205, et

1. Lowndes indique une édition avec le nom de *Londres* et le millésime 1767 (*the Bibliographer's Manual*), V, 2794).

en 1775 dans les *Pièces détachées, attribuées à divers hommes célèbres*, t. II p. 126.

Une réimpression moderne (*Paris, Liseux*. 1880, pet. in-12 de 108 pp.) est suivie de *l'Empereur de la Chine et le frère Rigolet*.

243. Feumes, soyez soumises a vos maris.

Un *Catalogue des ouvrages de M. de Voltaire ou qui lui sont attribués*, joint à un exemplaire des *Lois de Minos*, indique de cet opuscule une édition séparée avec le millésime 1772, in-8. — Ce morceau a été imprimé dans les *Nouveaux Mélanges*, t. III (de 1765) p. 147. C'est donc à tort que Beuchot l'a classé parmi les Mélanges de l'année 1768.

244. Lettre de l'archevêque de Cantorbéri a l'archevêque de Paris. S. l. n. d. (Genève, 1768), in-8 de 4 pp. — Voyez aussi les nᵒˢ 229 et 239.

Réimpr. dans les *Nouveaux Mélanges*, t. VII, p. 47, et dans le tome III de *l'Évangile du jour*.

245. Le Sermon preché (sic) a Bale le premier jour de l'an 1768, par Josias Rossette, ministre du saint Évangile. S. l. n. d. (Genève, 1768), in-8 de 22 pp. — S. l. n. d., in-12 de 19 pp.

Réimpr. dans les *Nouveaux Mélanges*, t. VI, p. 359.

246. Relation du bannissement des jésuites de la Chine, par l'auteur du compère Mathieu. *Amsterdam (Genève)*. 1768, in-8 de 28 pp.

Une autre édition (s. l. n. d., in-8 de 31 pp.) n'a qu'un titre de départ qui porte : *Relation du bannissement des jésuites de la Chine*.

247. Conseils raisonnables a M. Bergier pour la défense du christianisme, par une Société de Bacheliers en théologie. S. l. n. d. (Genève, 1768), in-8 de 31 pp.

Le titre donné par Grimm (*Correspondance*, éd. Tourneux, t. VIII, p. 94), diffère de celui que porte l'édition *princeps* des *Conseils raisonnables*.
Réimpr. dans *l'Évangile du jour*, t. I.
Condamn. par décret de la cour de Rome du 1er mars 1770.

248. La Profession de foy des théistes, par le comte Da..... au R. D. (P?) (roi de Prusse?). Traduit de l'allemand. S. l. n. d. (Genève, 1768), in-8 de 39 pp. Titre rouge et noir.

Réimpr. dans les *Nouveaux Mélanges*, t. XI; dans *l'Évangile du jour*, t. I (sous le titre de : *Confession de foi des Théistes*), etc...
Condamn. par décret de la cour de Rome du 1er mars 1770.

249. Discours aux confédérés catholiques de Kaminiek, en Pologne, par le major Kaiserling au service du roi de Prusse. *Amsterdam (Genève)*. 1768, in-8 de 16 pp.

Réimpr. dans les *Nouveaux Mélanges*, t. IX; dans le tome 1er de *l'Évangile du jour*, etc.

250. L'ÉPITRE AUX ROMAINS, PAR LE COMTE PASSERAN, TRADUITE DE L'ITALIEN. *S. l. n. d.* (*Genève*, 1768), in-8 de 42 pp.

Sur les titres successifs de *l'Épître aux Romains*, voyez la note de Beuchot (t. XXVII de la présente édition, p. 83).
Réimpr. dans les *Nouveaux Mélanges*, t. XI; dans le tome I de *l'Évangile du jour*, etc.
Condamn. par décret de la cour de Rome du 1er mars 1770.

251. REMONTRANCES DU CORPS DES PASTEURS DU GÉVAUDAN, A ANTOINE-JEAN RUSTAN *(sic)*, PASTEUR SUISSE A LONDRES. *Amsterdam (Genève)*. 1768, in-8 de 29 pp.

Suivies des *Instructions à Antoine-Jean Rustan* (pp. 20-29).
Réimpr. dans *l'Évangile du jour*, t. I.
Condamn. par décret de la cour de Rome du 1er mars 1770.

252. LES SINGULARITÉS DE LA NATURE, PAR UN ACADÉMICIEN DE LONDRES, DE BOULOGNE, DE PÉTERSBOURG, DE BERLIN, ETC. *Basle (Genève)*. 1768 (1769), in-8 de VII et 131 pp.

Amsterdam (Paris). 1769, in-8 (d'après Barbier, *Dict. des ouvrages anonymes*, édit Daffis, IV, 497).—Le catalogue du British Museum porte l'indication d'une édition in-12 avec le nom de *Genève* (1769), et d'une édition in-8 avec le nom de *Dresde* (1760).—Une contrefaçon de l'édition de *Genève* (in-8 de VII et 131 pp.) a été publiée avec la rubrique de *Bâle* et le millésime 1768. Nous croyons que cette contrefaçon a été imprimée à Paris.
Une édition de 1772, avec l'indication de *Londres* (in-8) porte, dit Barbier, le nom de l'auteur (*ibid*). Cette édition a dû être réimprimée en 1773.
Kayser signale une autre édition de 1772, avec l'adresse de Pott, à Lausanne, in-8 (*Index locupletissimus*), t. VI, (1830) p. 109).
Réimpr. dans le tome VIII des *Nouveaux Mélanges*; dans le tome IVe de *l'Évangile du jour*, etc.
Condamn. par décret de la cour de Rome du 16 janvier 1770.

253. LES DROITS DES HOMMES ET LES USURPATIONS DES AUTRES. TRADUIT DE L'ITALIEN. *Amsterdam (Genève)*. 1768, in-8 de 48 pp. — TRADUIT DE L'ITALIEN PAR L'AUTEUR DE L'HOMME AUX QUARANTE ÉCUS. *Amsterdam (Paris)*. 1768, in-8 de 1 f. et 47 pp.

Réimpr. dans le volume intitulé : *Pièces nouvelles de Monsieur de Voltaire. Amsterdam*. 1769, pet. in-8 de 144 pp. (avec le *Discours aux confédérés catholiques*, etc., les *Colimaçons du révérend père l'Escarbotier*, *l'Homélie du pasteur Bourn*, etc...).
Cf les *Nouveaux Mélanges*, t. X et le t. I de *l'Évangile du jour*.
Condamn. par décret de la cour de Rome du 11 août 1769.

254. LES COLIMAÇONS DU RÉVÉREND PÈRE L'ESCARBOTIER, PAR LA GRACE DE DIEU CAPUCIN INDIGNE, PRÉDICATEUR ORDINAIRE ET CUISINIER DU GRAND COUVENT DE LA VILLE DE CLERMONT EN AUVERGNE, AU RÉVÉREND PÈRE ÉLIE,

CARME DÉCHAUSSÉ, DOCTEUR EN THÉOLOGIE. *S. l. (Genève).* 1768, in-8 de 23 (24) pp.

Réimpr. dans le tome XIV⁰ des *Nouveaux Mélanges;* dans le tome I de *l'Évangile du jour,* etc; voy. aussi le n° précédent.

Condamn. par décret de la cour de Rome du 1ᵉʳ mars 1770.

255. HOMÉLIE DU PASTEUR BOURN, PRÊCHÉE A LONDRES LE JOUR DE LA PENTECOTE. *S. l. (Genève).* 1768, in-8 de 16 pp.

PP. 14-16 : *Fragment d'une lettre du lord Bolingbroke* [1].

Réimpr. dans le tome I de *l'Évangile du jour* et dans le tome XVII des *Nouveaux Mélanges,* sous le titre de : *Traduction de l'Homélie du pasteur Bourn.*

Voy. aussi le n° 253.

Condamn. (avec le *Fragment d'une lettre,* etc.) par décret de la cour de Rome du 1ᵉʳ mars 1770.

256. INSTRUCTION DU GARDIEN DES CAPUCINS DE RAGUSE A FRÈRE PEDI-CULOSO, PARTANT POUR LA TERRE SAINTE.

Cette *Instruction* parut en 1769, à la suite de l'écrit intitulé : *De la Paix perpétuelle, par le docteur Goodheart.* (Voy. le n° 266).

Réimpr. dans le tome X⁰ des *Nouveaux Mélanges;* dans le tome VII⁰ de *l'Évangile du jour.*

Condamn. par décret de la cour de Rome du 3 décembre 1770 (avec les ouvrages suivants contenus dans le tome VII de *l'Évangile du jour: Dieu et les hommes; De la Paix perpétuelle; Tout en Dieu*).

257. L'A, B, C, DIALOGUE CURIEUX TRADUIT DE L'ANGLAIS DE MON-SIEUR HUET. *Londres, Robert Freemann (Genève).* 1762 (1768), in-8 de VII et 160 pp. (Titre encadré.)

Id., ibid. 1768, in-8 de IV et 135 pp. (titre encadré). — *Id., ibid. (Genève).* 1769, in-8 de 120 pp. (titre encadré). — M. André Lefèvre (*Dialogues et Entretiens philosophiques* (de Voltaire), t. I, p. XIII, cite, d'après Quérard, une édition de 1772, *Neufchâtel,* in-8.

Réimprimé avec des additions, dans la *Raison par alphabet, sixième édition, s. l.* (Genève). 1769, t. II, pp. 197-339.

Cf le tome II de *l'Évangile du jour.* Voy. aussi sur les divers titres de cet ouvrage la note de Beuchot (t. XXVII de la présente édition, p .311).

Condamn. par décret de la cour de Rome du 11 juillet 1770 (avec la *Raison par alphabet*).

258. LETTRE ANONIME *(sic)* ÉCRITE A MR DE VOLTAIRE ET LA RÉPONSE. *S. l n. d. (Genève,* 1769), in-8 de 31 pp. et 1 p. non chiff. — Seconde édition augmentée. *S. l. n. d. (Genève,* 1769), in-8 de 35 pp.

Imprimée pour la première fois dans les *Œuvres de Voltaire,* par Beu-chot (éd. Lefèvre et Didot, complément du t. L).

---

1. C'est donc à tort que Beuchot a placé cet écrit parmi les *Mélanges* de l'année 1760.

259. La Canonisation de saint Cucufin. *S. l. n. d. (Genève,* 1769), in-8 de 24 pp.

Le titre de départ (p. 3) porte : *La Canonisation, etc., Frère capucin d'Ascoli, par le pape Clément XIII. Et son apparition au sieur Aveline, bourgeois de Troyes; mise en lumière par le sieur Aveline lui-même A Troyes, chez M*ᵐᵉ *Oudot,* 1767.

Réimpr. dans le tome I des *Choses utiles et agréables* (c'est la même composition qui a servi pour ce recueil et pour l'édition séparée); dans le tome V de *l'Évangile du jour, etc.*

Une édition d'*Amsterdam* (Berlin?), 1769, in-8 de 1 f. et 36 pp., est suivie de la *Relation de la mort du chevalier de La Barre, par Monsieur de Vol*••• : *A M. le marquis de Beccaria* (pp. 18-36).

260. Collection d'anciens évangiles ou monumens du premier siècle du christianisme, extraits de Fabricius, Grabius et autres savants, par l'abbé B•••** (Bigex). *Londres (Amsterdam).* 1769, in-8 de 2 ff. non chiff. et 284 pp.

Réimpr. dans le tome X des *Nouveaux Mélanges, etc.*

261. Cinquième homélie prononcée a Londres, le jour de Paques dans une assemblée particulière. *S. l. n. d. (Genève,* 1769), in-8 de 16 pp. paginées 97 à 112[1].

Une contrefaçon *s. l. n. d.* a également 8 pp. pages (97) à 112.
Réimpr. dans le tome V de *l'Évangile du jour.*

262. Le Cri des nations. *S. l. (Genève).* 1769, in-8 de 20 pp. — *Genève (Paris?)* 1769, in-8 de 30 pp.

L'édition en 30 pp. a une vignette en guise de fleuron, p. 5.
Réimpr. dans le tome VIII des *Nouveaux Mélanges;* dans le tome V de *l'Évangile du jour, etc.*

263. Discours de l'Empereur Julien contre les chrétiens.

Voy. *Ouvrages dont Voltaire a été l'éditeur.*

264. Procès de Claustre. Supplément aux causes célèbres. *S. l. n. d. (Genève,* 1769), in-8 de 31 pp.

Le titre de départ (p. 3) porte : *Supplément aux Causes célèbres.*
Réimpr. dans le tome VI de *l'Évangile du jour.*

265. Tout en Dieu. Commentaire sur Mallebranche. *S. l. n. d. (Genève,* 1769), in-8 de 24 pp.

On lit, p. 24, ligne 7 : *Par l'abbé de Tilladet.*
Réimpr. dans les tomes VIIIᵉ des *Nouveaux Mélanges,* VIIᵉ de *l'Évangile du jour, etc.* (Voy. aussi le nᵒ suivant.)
Condamn. par décret de la cour de Rome du 3 décembre 1770.

---

1. Dans la seconde édition des *Quatre Homélies,* imprimée en 1767, la dernière page de la quatrième *Homélie* est paginée 96 : c'est pourquoi la première page de la *cinquième Homélie* est paginée 97.

266. De la paix perpétuelle, par le docteur Goodheart. *S. l. n. d.*
(*Genève,* 1769), in-8 de 74 pp.

> Suivi de l'*Instruction du gardien des capucins de Raguse à frère Pédiculoso.* pp. 56-74) voy. le n° 256).
> Une réimpression *s. l. n. d.,* in-8 de 70 pp. contient en outre *Tout en Dieu* (pp. 51-70).
> Réimpr. dans le tome VII de *l'Évangile du jour;* dans le tome XVIIᵉ de *Nouveaux Mélanges,* etc...
> Condamn. par décret de la cour de Rome du 3 décembre 1770.

267. Dieu et les hommes, œuvre théologique, mais raisonnable par le docteur Obern. Traduit par Jaques Aimon. *Berlin, Chr. de Vos* (*Genève*). 1769, in-8 de viii et 264 pp.

> Réimpr. dans le tome IX des *Nouveaux Mélanges* et dans le tome VII ds *l'Évangile du jour.*
> Condamn. par arrêt du Parlement de Paris du 18 août 1770 et par décret de la cour de Rome du 3 décembre de la même année. Sur cet ouvrage, voyez la note de Beuchot (t. XXVIII de la présente édition, p. 129).

268. Journal de la cour de Louis XIV. — Les Souvenirs de Madame de Caylus.

> Voy. *Ouvrages dont Voltaire a été l'éditeur.*

269. Les adorateurs ou les louanges de Dieu. Ouvrage unique de M. Imhof, traduit du latin. *Berlin* (*Genève*). 1769, in-8 de 42 pp.

> Voy. aussi le tome II des *Choses utiles et agréables;* le tome X des *Nouveaux Mélanges;* le tome VIII de *l'Évangile du jour,* etc.

270. Défense de Louis XIV. *S. l. n. d.* (*Genève,* 1769), in-8 de 29 pp.

> Cette *Défense* fait aussi partie du tome II des *Choses utiles et agréables;* du tome XI des *Nouveaux Mélanges;* du tome VIII de *l'Évangile du jour,* etc... — *Cf* le n° 298.

271. Requête à tous les magistrats du royaume. Composée par trois Avocat (*sic*) d'un Parlement. *S. l.* (*Genève*). 1769, in-8 de 45 pp.

> Fait aussi partie du tome II des *Choses utiles et agréables;* réimpr. dans le *Journal des savants* (éd. de Hollande, février 1770, p. 500); dans les tomes IXᵉ des *Nouveaux Mélanges,* VIIIᵉ de *l'Évangile du jour,* etc.....

272. Au roi en son conseil. Pour les sujets du roi qui réclament la liberté de la France, contre des moines bénédictins devenus chanoines de Saint-Claude en Franche-Comté. *S. l. n d.* (*Genève,* 1770), in-8 de 16 pp. — *S. l. n. d.* (*Paris, Lambert.* 1770), in-8 de 22 pp.

> Réimpr. dans le tome VIII de *l'Évangile du jour;* — dans le tome XIX des *Nouveaux Mélanges,* etc..., et dans le recueil intitulé *Collection des Mémoires présentés au Conseil du roi par les habitants du mont Jura et le*

chapitre de Saint-Claude avec l'arrêt rendu par ce tribunal ; s. l. (Genève).
1772, in-8 de 164 pp. (pp. 3-10. —La *seconde* et la *troisième requête* (pp. 17
et 58) ne sont pas de Voltaire.

273. TRADUCTION DU POÈME DE JEAN PLOKOFF, CONSEILLER DE HOLSTEIN,
SUR LES AFFAIRES PRÉSENTES.

La plus ancienne édition que nous connaissions de cet opuscule est celle
qui fait partie du tome XIX des *Nouveaux Mélanges* (1775) p. 204. —
Cf l'édition *encadrée,* t. XXXVII, p. 391, et l'édition in-4, t. XXVIII (de 1777)
p. 535. Cependant il est question, dès 1770, de la *Traduction du poème de
Jean Plokoff* dans Grimm (*Correspondance littéraire,* édit. Tourneux, t. IX,
p. 62) et dans les *Mémoires secrets* (9 juin 1770).

274. NOUVELLE REQUÈTE AU ROI EN SON CONSEIL PAR LES HABITANTS DE
LONGCHAUMOIS, MOREZ, ETC. *S. l. n. d.* (*Genève* ou *Paris,* 1770), in-8 de
6 pp.

Cf Grimm, *Correspondance littéraire,* édit. Tourneux, t. IX, p. 143.

275. LETTRE D'UN JEUNE ABBÉ. *S. l. n. d.* (1771), in-8 de 3 pp.

Réimpr. dans le *Recueil de toutes les pièces intéressantes publiées en
France relativement aux troubles des Parlements, etc... Bruxelles, Flon.*
1771, t. II, p. 27.

276. RÉPONSE AUX REMONTRANCES DE LA COUR DES AIDES PAR UN
MEMBRE DES NOUVEAUX CONSEILS SOUVERAINS. *S. l. n. d.* (1771), in-8 de
7 pp. — *S. l. n. d.,* in-8 de 6 pp.

Beuchot croit que l'édition en 6 pp. est l'édition *princeps,* et que l'édition en 7 pp. est une réimpression parisienne.
Réimpr. dans le *Recueil de toutes les pièces intéressantes, etc.,* t. I,
p. 410.

277. FRAGMENT D'UNE LETTRE ÉCRITE DE GENÈVE, 19 MARS 1771, PAR
UN BOURGEOIS DE CETTE VILLE A UN BOURGEOIS DE L***. *Genève.* 1771, in-8
de 12 pp.

278. AVIS IMPORTANT D'UN GENTILHOMME A TOUTE LA NOBLESSE DU
ROYAUME. *S. l. n. d.* (1771), in-8 de 4 pp.

Réimpr. dans le *Recueil de toutes les pièces intéressantes, etc.,* t. II,
p. 43.

279. SENTIMENTS DES SIX CONSEILS ÉTABLIS PAR LE ROI, ET DE TOUS LES
BONS CITOYENS. *S. l. n. d.* (1771), in-8 de 8 pp.

Réimpr. dans le *Recueil de toutes les pièces intéressantes, etc.,* t. II,
p. 314.

280. REMONTRANCES DU GRENIER A SEL. *S. l. n. d.* (*Genève,* 1771), in-8
de 14 pp.

Le titre de départ (p. 3) porte : *Très-humbles et très-respectueuses Remontrances du grenier à sel.*

281. Sermon du papa Nicolas Charisteski, prononcé dans l'église de Sainte-Tolbranski, village de Lithuanie, le jour de Sainte-Épiphanie. *S. l. n. d. (Genève, 1771)*, in-8 de 8 pp.

Réimpr. dans le tome XI des *Nouveaux Mélanges*, et dans le tome Ier de la seconde édition de l'*Évangile du jour.*

282. Les peuples aux Parlements. *S. l. n. d. (Genève, 1771)*, in-8 de 11 pp. — *S. l. n. d. (Paris, 1771)*, in-8 de 16 pp. — *S. l. n. d. (Genève, 1771)*, in-8 de 12 pp.

Réimpr. dans le tome XI des *Nouveaux Mélanges.* — Le titre de départ de l'édition en 12 pp. est suivi de ces mots : *Seconde édition, corrigée et augmentée.* Le texte de cette édition diffère et du texte de l'édition *princeps*, et de celui de l'édition de Paris, et enfin du texte du tome XI des *Nouveaux Mélanges.* La réimpression qui fait partie du *Recueil de toutes les pièces intéressantes publiées en France, etc. (Bruxelles).* 1771, t. II, est conforme à l'édition de *Paris*, en 16 pp.

283. L'Équivoque. *S. l. n. d. (Paris, 1771)*, in-8 de 13 pp.

Réimpr. dans le *Recueil de toutes les pièces intéressantes publiées en France*, etc., t. II, p. 85. On n'a pas recueilli dans les *OEuvres de Voltaire* l'écrit intitulé : *Raisons pour désirer une réforme dans l'administration de la justice* (s. l. n. d., in-8 de 11 pp., et in-12 de 12 pp. d'après Barbier, *Dict. des ouv. anonymes*, éd. Daffis, IV, 5). Nous croyons que cette brochure est de Voltaire; elle a été réimprimée dans le *Recueil de toutes les pièces intéressantes publiées en France*, etc., à la suite des *Peuples aux Parlements*, et avant la *Lettre d'un jeune abbé* (t. II, p. 15).

284. La méprise d'Arras, par M. de Voltaire. *Lausanne, Franç. Grasset et Comp.* 1771, in-8 de 29 pp. — *Id., ibid.* 1772, in-8 de 22 pp.[1].

Réimpr. dans le tome XI des *Nouveaux Mélanges*, et avec des retranchements et quelques différences dans l'édition in-4 des *Questions sur l'Encyclopédie* (à l'article *Lois*).

285. Le Tocsin des Rois aux Souverains de l'Europe, par M. de Voltaire. *S. l.* 1772, in-12 de 8 ff. non chiff. Édition encadrée.

Le Tocsin des Rois est de décembre 1771.
Réimpr. dans la brochure intitulée : *Le Tocsin des Rois, par M. de Volt***, suivi d'un Mandement du Muphti ordonnant la suppression de cet ouvrage, etc... Londres, Boissière*, s. d., in-8 de IV et 95 pp. *Le Tocsin des Rois* est aux pp. 5-14. Voy. aussi le *Mercure historique et politique (La Haye*, janvier 1772, p. 21); — les *Nouveaux Mélanges*, t. XI ;— l'*Évangile du jour*, t. 1 de la seconde édition, *etc.*

286. Lettre de M. de Voltaire a un de ses confrères de l'Académie. *Genève* et *Paris, Valade.* 1772, in-8 de 1 f. de titre et 7 pp.

Avec un *Avis de l'imprimeur* (pp. 6-7). Voy. aussi *Mercure* d'avril 1772,

---

1. Kayser cite une édition de 1772, avec l'adresse de *Pott*, à *Lausanne;* il doit exister aussi une édition de 1773, in-8 (probablement avec le nom de *Londres*).

t. I, p. 203 (l'*Avis de l'imprimeur* no se trouve pas dans le *Mercure*). — Quérard signale une autre édition de 1770, in-8.

287. LETTRE DE MONSIEUR LE V*** SUR UN ÉCRIT ANONYME. *A Ferney, 20 avril 1772 (Genève)*, in-8 de 14 pp. — *S. l. n. d.*, in-8 de 8 pp.

Voy. aussi le *Mercure* de juin 1772, p. 143; — les *Nouveaux Mélanges*, t. XI. Le texte du *Mercure* diffère de celui des premières éditions.

288. ESSAI SUR LES PROBABILITÉS EN FAIT DE JUSTICE. *S. l. n. d. (Genève, 1772)*, in-8 de 35 pp.

Seconde édition très-augmentée. *S. l. n. d.*, in-8 de 31 pp.
Une édition *s. l. n. d.*, in-8 de 32 pp., porte sur le frontispice ces mots : *par Mr de Voltaire;* le texte de cette édition est conforme à celui de l'édition en 35 pp.
Réimpr. dans le tome XI des *Nouveaux Mélanges*.

289. RÉFLEXIONS PHILOSOPHIQUES SUR LE PROCÈS DE Mlle CAMP AVEC DES VERS SUR LE MASSACRE DE LA SAINT-BARTHÉLEMI, PAR M. DE VOLTAIRE. *Genève. 1772*, in-8 de 12 p.

1° *Réflexions philosophiques, etc..* pp. 3-6.
2° *Réponse à M. l'abbé de Caveyrac*, pp. 7-10.
3° Pour le 24 Auguste ou Août 1772, pp. 11-12.
Une édition encadrée *s. l. n. d. (Genève)*, in-8° de 8 pp., n'a qu'un titre de départ, sur lequel on lit : *Sur le procès de Mlle Camp*.
Réimpr. dans le tome XI des *Nouveaux Mélanges*, et dans le tome IX de l'*Évangile du jour*.

290. LA VOIX DU CURÉ SUR LE PROCÈS DES SERFS DU MONT-JURA. *S. l. n. d. (Genève, 1772)*, in-8 de 16 pp. — *Londres (?) 1773*, in-8.

Réimpr. dans les tomes XVII et XIX des *Nouveaux Mélanges*.

291. NOUVELLES PROBABILITÉS EN FAIT DE JUSTICE. *S. l. (Genève). 1772*, in-8 de 1 f. de titre et 20 pp. — *Par M. de Voltaire, Lausanne. 1773*, in-8 de 20 pp. — *Id., ibid.*, in-8 de 18 pp.

Le titre de départ de l'édition *s. l.* porte : *Nouvelles Probabilités en fait de justice dans l'affaire d'un maréchal de camp et de quelques citoyens de Paris*.
Réimpr. dans le tome X de l'*Évangile du jour*.

292. DISCOURS DE Me BELLEGUIER, ANCIEN AVOCAT. SUR LE TEXTE PROPOSÉ PAR L'UNIVERSITÉ DE PARIS, POUR LE SUJET DES PRIX DE L'ANNÉE 1773. *S. l. n. d. (Genève, 1773)*, in-8 de 19 pp.

Une édition intitulée : *Thème de M. de Voltaire sur le texte proposé par l'Université, etc. (Genève (Paris)*, 1773, in-12 de 28 pp. es. précédée d'une *Lettre préliminaire de Mr le marquis de ... à Mme la comtesse de....*, datée de Ferney, 1er mai 1773 (pp. 3-6) et suivie d'une *Épître aux comètes, écrite quelques jours avant la destruction du monde* (pp. 25-28).

Ces deux pièces ne sont pas de Voltaire.

Réimpr. à la suite des *Lois de Minos*, s. l. 1773, p. 244.

Cf. le tome XIII des *Nouveaux Mélanges* et le tome X de l'*Évangile du jour*.

293. Déclaration de M. de Voltaire sur le procès entre M. le comte de Morangiès et les Verron. *Lausanne (Paris).* 1773, in-8 de 1 f. de titre et 16 pp.

La *Réponse d'un avocat (sic)* [1] à l'écrit intitulé : *Preuves démonstratives en fait de justice* [2] est pp. 12-16.

Réimpr. dans le tome X de l'*Évangile du jour*. *Cf* le n° 298 *bis*.

294. Lettre sur la prétendue comète. *Lausanne (Genève).* 1773, in-8 de 15 pp.

Le faux titre porte : *Lettre sur la prétendue comète par M. de Voltaire.*

Réimpr. dans les *Nouveaux Mélanges*, t. XIII, p. 323.

La *Lettre sur la prétendue comète* avait paru dans le *Journal encyclopédique* du 1er juin 1773, sans nom d'auteur.

295. Précis du procès de M. le comte de Morangiès contre la famille Verron. *S. l. n. d.* (1773), in-8 de 30 pp.

Ce *Précis* a paru d'abord dans le volume intitulé *Fragments sur l'Inde, sur le général Lalli et sur le comte de Morangiès, s. l. (Genève).* 1773, pp. 103-184 (Voy. le n° 297).

Le premier alinéa du *Précis* n'a pas été reproduit dans la réimpression en 30 pp.

296. Lettre de M. de Voltaire a Messieurs de la noblesse du Gévaudan qui ont écrit en faveur de M. le comte de Morangiès. *S. l. n. d. (Genève,* 10 auguste, 1773), in-8 de 14 pp. — **Seconde lettre de Monsieur de Voltaire a MM. de la noblesse du Gévaudan sur le procès de Monsieur le comte de Morangiès.** *S. l. n. d. (Genève,* 16 auguste 1773), in-8 de 16 pp.— **Troisième lettre de M. de Voltaire a Messieurs de la noblesse du Gévaudan.** *S. l. n. d. (Genève,* 26 auguste 1773), in-8 de 12 pp. — **Quatrième lettre de Mr de Voltaire a MM. de la noblesse du Gévaudan** *S. l. n. d. (Genève,* 8 septembre 1773), in-8 de 4 pp.

Réimpr. dans les *Fragments sur l'Inde, etc., etc. Londres.* 1774, in-8 de viii et 100 pp. (Voy. le n° 298 *bis*).

297. Fragments sur l'Inde, sur le général Lalli et sur le comte de Morangiès. *S. l. (Genève).* 1773, in-8 de viii et 184 pp.

---

1. Il faut lire : *Réponse à l'écrit d'un avocat.*
2. *Les Preuves démonstratives, etc.* (s. l. 1773) forment un vol. in-8 de 126 pp.

Le titre de départ (p. 1) porte : *Fragments sur quelques révolutions dans l'Inde et sur la mort du comte de Lalli.*

L'article vingtième est suivi du *Précis du procès de Mr le comte de Morangiès contre la famille Verron* (pp. 163-184; voy. le n° 295).

297 bis. FRAGMENTS SUR L'INDE ET SUR LE GÉNÉRAL LALLI. S. l. (Paris?). 1773, in-8 de 2 ff. non chiff. et 462 pp. (Les fautes signalées dans l'*Errata* de l'édition en 484 pp. sont corrigées dans cette réimpression, qui ne contient pas le *Précis du procès de M. le comte de Morangiès, etc.*)

298. FRAGMENTS SUR L'INDE, SUR L'HISTOIRE GÉNÉRALE ET SUR LA FRANCE[1]..., in-8 de 264 pp., 1 f. non chiff. pour l'*Errata,* plus les f. titre et titre.

Ces nouveaux *Fragments sur l'Inde* forment *seize* articles (pp. 1 à 98.)

P. 99. *Fragment sur la justice à l'occasion du procès de M. le comte de Morangiès contre les Jonquay.*

P. 111. *Fragment sur le procès criminel de Montbailli, roué et brûlé vif à Saint-Omer en 1770 pour un prétendu parricide, et de sa femme condamnée à être brûlée vive, tous deux reconnus innocents.*

P. 119. *Fragment sur l'histoire générale* (XVI articles, parmi lesquels la *Défense de Louis XIV;* voy. le n° 270).

298 bis. FRAGMENTS SUR L'INDE, SUR LE GÉNÉRAL LALLI, SUR LE PROCÈS DU COMTE DE MORANGIÈS, ET SUR PLUSIEURS AUTRES SUJETS. *Londres.* 1774, in-8 de VIII et 400 pp.

PP. 1-220. *Fragments sur quelques révolutions dans l'Inde et sur la mort du comte de Lalli* (36 articles).

PP. 221-270. *Fragment sur l'histoire générale* (10 articles).

P. 279. *Fragment sur la Saint-Barthélemi.*

P. 285. *Fragment sur la révocation de l'édit de Nantes.*

P. 291. *Calomnies contre Louis XIV.*

P. 292. *Défense de Louis XIV contre les Annales politiques de l'abbé de Saint-Pierre.*

P. 301. *Fragment sur le procès criminel de Montbailli, etc...*

P. 308. *Fragment sur la justice à l'occasion du procès de M. le comte de Morangiès, etc.*

P. 317. *Précis du procès de M. le comte de Morangiès, etc.* (Voy. le n° 205.)

P. 336. *Déclaration de M. de Voltaire sur le procès entre Mr le comte de Morangiès et les Verron.* (Voy. le n° 293.)

PP. 358-400. *Lettres de M. de Voltaire à MM. de la noblesse du Gévaudan. — Des Dictionnaires de calomnies.*

Sur la réimpression du *Fragment sur l'histoire générale* dans les *Nouveaux Mélanges,* dans l'édition de Kehl, etc., etc., voy. l'*Avertissement de Beuchot,* (t. XXIX de la présente édition, pp. 223-224).

Kayser cite des *Fragments sur l'Inde* une édition de 1779, in-8 avec l'adresse de *Pott,* à Lausanne.

1. L'exemplaire de la collection Beuchot est incomplet. Il n'a ni faux titre ni titre : le titre de départ porte : *Fragments sur l'Inde.* Nous empruntons le titre que nous donnons ci-dessus à Beuchot (t. XXIX de la présente édition, p. 86), et aux *Mémoires secrets,* du 16 janvier 1774.

299. LETTRE D'UN ECCLÉSIASTIQUE SUR LE PRÉTENDU RÉTABLISSEMENT DES JÉSUITES DANS PARIS. *S. l. n. d. (Genève, 1774)*, in-8 de 13 pp.

Réimpr. dans le tome XIV des *Nouveaux Mélanges*.

300. ÉLOGE DE LOUIS XV, PRONONCÉ DANS UNE ACADÉMIE LE 25 MAI 1774. *S. l. n. d. (Genève, 1774)*, in-8 de 16 pp.

301. DE LA MORT DE LOUIS XV ET DE LA FATALITÉ. *S. l. n. d. (Genève, 1774)*, in-8 de 14 pp.

L'*Éloge de Louis XV* et l'écrit intitulé *De la mort de Louis XV* ont été, selon Beuchot, distribués en même temps : ils sont réimprimés dans une brochure dont voici le titre : *Éloge de Louis XV*, etc., *avec un Essai sur la fatalité à l'occasion de la mort du même prince, par M. de V***. Ferney et Berlin, Haude et Spener. S. d.*, in-8 de 30 pp.

302. AU RÉVÉREND PÈRE EN DIEU MESSIRE JEAN DE BEAUVAIS, CRÉÉ PAR LE FEU ROI LOUIS XV ÉVÊQUE DE SENEZ. *S. l. n. d. (Genève, 1774,)* in-8 de 8 pp.

303. PETIT ÉCRIT SUR L'ARRÊT DU CONSEIL DU 13 SEPTEMBRE 1774, QUI PERMET LE LIBRE COMMERCE DES BLÉS DANS LE ROYAUME. *S. l. n. d. (Genève, 1775)*, in-8 de 7 pp.

Voy. aussi le *Mercure* de janvier 1775, t. II, pp. 160-166.
Le *Petit Écrit*, daté du 2 janvier 1775, est signé : *F. d. V. S. de F. et T. G. o. d. R.* (François de Voltaire, seigneur de Ferney et de Tournay, gentilhomme ordinaire du roi).
Réimpr. dans le tome XII de l'*Évangile du jour*.

304. DIATRIBE A L'AUTEUR DES ÉPHÉMÉRIDES. *S. l. (Genève, 1775)*, in-8 de 32 pp. — *Genève et Paris, Valleyre. 1775*, in-8 de 27 pp.

L'édition en 32 pp. contient (pp. 20-32) un Extrait de la *Gazette d'agriculture, commerce, arts et finances* du 19 mai 1775, n° 30.
Cet *Extrait* ne se trouve pas dans l'édition en 27 pp.
Kayser signale une édition avec le nom de *Genève* (1775, in-8; *Rottman, à Berlin*) : est-ce l'édition de *Genève et Paris?*
Réimpr. dans les tomes XVIII des *Nouveaux Mélanges* et XIII de l'*Évangile du jour.*
Sur la *Diatribe*, voyez les *Mémoires secrets*, t. VIII, pp. 107, 153, 158, 166, 183, et la *Correspondance secrète*, t. II, pp. 141, 157, *etc.*

305. LE CRI DU SANG INNOCENT. *S. l. (Genève). 1775*, in-8 de 37 pp.

PP. 3-23. *Au roi très chrétien en son conseil.*
PP. 24-37. *Précis de la procédure d'Abbeville.*
Réimpr. dans le tome XVIII des *Nouveaux Mélanges*, et dans le *Recueil intéressant sur l'affaire de la mutilation du crucifix d'Abbeville. Londres. 1776*, in-12.

306. Les édits de Sa Majesté Louis XVI pendant l'administration de M. Turgot.

Beuchot croit qu'il s'agit de cet écrit dans un passage des *Mémoires secrets* du 10 décembre 1775. L'analyse que les *Mémoires secrets* donnent, le 15 décembre 1775, *de la brochure sur les corvées,* annoncée le 10 décembre précédent, prouve que les *Mémoires secrets* font allusion non pas à l'écrit de Voltaire : *Les édits de S. M. Louis XVI,* mais à celui de Condorcet, intitulé *Sur l'abolition des corvées.*

Voy. *OEuvres de Condorcet, Paris, Didot,* 1817-1849, t. XI, p. 89.

307. Lettres chinoises, indiennes et tartares a Monsieur Paw, par un bénédictin. Avec plusieurs autres pièces intéressantes. *Paris (Genève).* 1776, in-8 de 2 ff. non chiff. et 292 pp.

Sur ces diverses *Pièces intéressantes,* voyez la note de Beuchot, t. XXIX de la présente édition, p. 451.

Les *Lettres Chinoises,* etc., ne contiennent pas la romance de Sedaine, rapportée par Meister (*Correspondance littéraire,* éd. Tourneux, t. XI, pp. 213-211).

Une édition avec le nom de *Londres (Amsterdam).* 1776, in-8 de 2 ff. non chiff., 182 pp. et 2 pp. non chiff., contient de plus que l'édition en 292 pp. :

Le Dimanche ou les Filles de Minée et la *Diatribe à l'auteur des Éphémerides.*

Réimpr. dans le tome XIII de l'*Évangile du jour.*

308. Un chrétien contre six juifs. *La Haye, aux dépens des libraires (Genève).* 1777, in-8 de 2 ff. non chiff. et 303 pp. — *Londres (Amsterdam).* 1777, in-8 de 1 f. de titre et 188 pp.

L'édition en 188 pp. forme le tome XIV de l'*Évangile du jour.*

Imprimé aussi sous ce titre :

Le Vieillard du mont Caucase aux juifs portugais, allemands et polonais ou Réfutation du livre (de l'abbé Guénée) *intitulé : Lettres de quelques Juifs portugais, allemands et polonais, in-12. Paris. 1776. Ouvrage attribué à un ami de l'auteur de la Henriade, orné du portrait de M. de V***. Rotterdam (Genève).* 1777, in-12 de 2 ff. non chiff. et 296 pp.

Le titre donné par Barbier à ce dernier ouvrage est inexact. (Voy. *Dict. des ouvrages anonymes,* éd. Daffis, I, 326). Barbier en cite une édition avec le nom de *Londres.* 1785, in-8 (*Ibid.,* IV, 1023); et Kayser une édition avec le nom de *Lausanne.* 1785, in-8 (*Index locupletissimus,* etc..... t. VI, p. 109).

309. La Bible enfin expliquée par plusieurs aumoniers de S. M. L. R. D. P. (*Sa Majesté le Roi de Prusse,* selon les uns, ou *le Roi de Pologne,* selon les autres). *Londres (Genève).* 1776, 2 vol. in-8 de 2 ff. et 316 pp. (t. Ier); — de 2 ff. et 318 pp. (t. II). Première édition.

Réimpr. la même année à *Londres (Amsterdam),* in-4 de 2 ff. non chiff. et 275 pp., et en deux tomes in-8 de 2 ff. et 550 pp., plus 1 f. pour l'*Avis au relieur* et 2 ff. non chiff. pour les faux titre et titre du tome II, qui commence à la page 275.

Une édition de 1777 est intitulée *Troisième édition, revue, corrigée et augmentée* : cette réimpression publiée sous la rubrique de *Londres* (*Genève*) forme 2 tomes in-8 de 2 ff. non chiff. et 274 pp. (t. I*er*); de 2 ff. non chiff. et 260 pp. (t. II*e*), elle renferme un *Avertissement* en un alinéa qui a été reproduit dans le tome XXX de la présente édition, p. 3. Une autre édition de 1777 (*Londres*, in-8) a 2 ff. et 488 pp.

Sur la *Bible enfin expliquée* voyez *l'Intermédiaire des chercheurs et curieux*, t. IX. p. 155.

310. LETTRE DE M. DE LA VISCLÈDE A M. LE SECRÉTAIRE PERPÉTUEL DE L'ACADÉMIE DE PAU.

Beuchot a daté cette lettre de 1776. Cependant on la trouve dès 1775 dans le tome XIII de l'édition *encadrée*, à la suite d'une réimpression des *Filles de Minée*. Cf *Nouveaux Mélanges*, etc., t. XVII (de 1775) p. 215.

311. REMONTRANCES DU PAYS DE GEX AU ROI. *S. l. n. d.* (1776), in-8 de 7 pp.

Réimpr. dans le *Journal encyclopédique* (t. V de 1776, p. 325); — dans le tome XIV de *l'Évangile du jour*, etc., etc.

312. COMMENTAIRE HISTORIQUE SUR LES ŒUVRES DE L'AUTEUR DE LA HENRIADE, ETC. AVEC LES PIÈCES ORIGINALES ET LES PREUVES. *Basle, les héritiers de Paul Duker* (*Genève*), 1776, in-8 de IV, et 282 pp.

Londres (*Amsterdam*). 1776, in-12 de IV et 197 pp. — *Neufchâtel* (*Genève?*). 1776, in-8 de IV et 232 pp. (Édition encadrée). — *Genève et Berlin, Haude et Spener*. 1777, in-8 de 1 f. de titre et 238 pp.

Sur le *Commentaire historique*, voy. la *Préface* de Beuchot (t. XLVIII de l'édition *Lefèvre et Didot*, pp. 311-314).

La brochure de Feydel intitulée *Un cahier d'histoire littéraire* (*Paris Delaunay*. 1818, in-8) renferme sur la publication et l'impression de cet ouvrage des détails tout à fait erronés : c'est ainsi que Feydel dit que le *Commentaire* fut imprimé à *Bâle;* or la première édition de cet écrit est sortie des presses de Cramer, ce qui prouve qu'elle fut donnée avec la participation de Voltaire. Le *Commentaire historique* est bien l'œuvre de Voltaire; longtemps avant Beuchot, La Harpe avait exprimé le même avis : «Le *Commentaire historique*, dit-il dans sa *Correspondance littéraire*, a été composé par M. de Voltaire lui-même, avec autant de réserve qu'il est possible d'en avoir en parlant de soi-même[1]. » Ajoutons que Voltaire n'a pas désavoué le *Commentaire*.

Dans l'édition en 282 pp., le *Commentaire* finit à la page 122; les pages 123 à 282 sont occupées par des « *Lettres véritables de M. de Voltaire* », par plusieurs morceaux en prose et par le conte en vers intitulé *Sésostris*.

Wagnière a fait des *Additions au Commentaire historique* (Voy. *Mémoires sur Voltaire et sur ses ouvrages*. (*Paris, André*. 1826, t. I., pp. 1 à 112.)

313. LETTRE DE M. DE VOLTAIRE A L'ACADÉMIE FRANÇAISE, LUE DANS CETTE ACADÉMIE, à la solennité de la Saint-Louis, le 25 auguste 1776. *S. l.*

1. *OEuvres de La Harpe. Paris, Verdière*, 1820, t. X, p. 372.

s. d. (Genève, 1776), in-8 de 3? pp. — *Paris, Renduel.* 1827, in-18 de 36 pp.

Dans l'édition de 1776, la *Seconde partie* est intitulée, par erreur, *Première partie* (voy. p. 21).

Voltaire ayant fait à la *Lettre à l'Académie française* des additions manuscrites sur un exemplaire qui appartenait en 1823 à M. Raynouard, et qui est aujourd'hui la propriété de l'Académie, M. Lequien recueillit ces notes et les admit dans son édition des œuvres de Voltaire.

Ces additions ont aussi paru dans le tome XV de *la Revue encyclopédique.*

La *Lettre à l'Académie française* a été réimprimée dans le *Journal encyclopédique* de 1770 (t. VII, p. 501 et t. VIII, p. 122) et dans le tome XV de *l'Évangile du jour.*

314. REQUÊTE AU ROI POUR LES MALHEUREUX HABITANTS DU MONT JURA AU NOMBRE DE DOUZE MILLE.

Tel est, d'après les *Mémoires secrets* du 17 février 1777, le titre exact de la *Requête au roi pour les serfs de Saint-Claude.* (Voy. le tome XXX'de la présente édition, p. 375). Cette *Requête,* ajoutent les *Mémoires secrets,* est accompagnée d'une lettre, écrite le 21 août dernier par ces habitants à M. le comte de Saint-Germain. Nous ne connaissons pas cette édition séparée de la *Requête au roi;* l'on peut d'ailleurs se demander s'il s'agit bien, dans les *Mémoires secrets,* de l'opuscule de Voltaire; en effet Voltaire écrit au nom de « *vingt mille pères de famille* » (c'est par ces mots que débute sa Requête) et la *Requête au roi* dont parlent les *Mémoires secrets* est intitulée *Requête au roi pour les habitants, etc., au nombre de douze mille.*

315. COMMENTAIRE SUR L'ESPRIT DES LOIS DE MONTESQUIEU, PAR MR DE VOLTAIRE. *S. l. (Genève).* 1778, in-8 de 125 pp.

Ce *Commentaire* ne parut qu'en 1778 : il fut imprimé à la suite du volume intitulé *Prix de la justice et de l'humanité.* (Voy. le n° 317.)

M. Vian cite deux éditions avec le nom de *Londres* et les millésimes 1777 et 1778 (*Histoire de Montesquieu,* 2ᵉ édition. *Paris, Didier.* 1879, in-8, p. 382). Quérard (*Bibliographie Voltairienne,* p. 20) dit que le *Commentaire sur l'Esprit des lois* fut imprimé à Paris, par Panckoucke, en 1777. Nous n'avons rencontré aucun exemplaire appartenant à ces diverses éditions.

316. DIALOGUES D'EVHÉMÈRE. *Londres (Amsterdam).* 1777, in-8 de 1 f. de titre et 132 pp.

Cette édition fait partie du tome XV de *l'Évangile du jour*[1].

317. PRIX DE LA JUSTICE ET DE L'HUMANITÉ, PAR L'AUTEUR DE LA HENRIADE, AVEC SON PORTRAIT. *Ferney (Genève).* 1778, in-8 de IV et 120 pp. Portr. de Voltaire.

Le *Commentaire sur l'Esprit des lois* fut imprimé à l. suite du *Prix de la justice* (voy. la réclame de la page 120 de l'édition *princeps* du *Prix de la justice et de l'humanité.*

---

1. C'est à tort que M. A. Lefèvre (*Dialogues et Entretiens philosophiques* (de Voltaire). *Paris, Lemerre.* 1878, t. I, p. XIII), donne à cette édition 86 pp.

Il existe une édition anonyme avec le nom de *Londres* (*Amsterdam*). 1778, in-8 de 2 ff. non chiff, 111 pp. et 1 f. non chiff. (pour un *Catalogue de livres français*). Citons encore une édition, avec le nom de *Genève*, 1778, in-8 de IV et 120 pp., et une autre édition avec l'adresse de *Schneider, à Leipzig*, 1778, in-8.

318. Éloge et Pensées de Pascal. Nouvelle édition commentée, corrigée et augmentée par Mr de *** (Voltaire). *Paris (Genève)*. 1778, in-8 de XII et 316 pp. Portraits de Voltaire et de Pascal

Voy. *Ouvrages dont Voltaire a été l'éditeur.*

319. Pensées, Remarques et Observations de Voltaire. Ouvrage posthume. *Paris, Barba,* an X, 1802, in-8 de 2 ff., XVI et 156 pp.; et in-12.

Voy. *Ouvrages faussement attribués à Voltaire.*

VII. — CORRESPONDANCE. — OUVRAGES ÉDITÉS OU ANNOTÉS PAR VOLTAIRE. — ŒUVRES COMPLÈTES ET ŒUVRES CHOISIES. — OUVRAGES FAUSSEMENT ATTRIBUÉS A VOLTAIRE OU IMPRIMÉS SOUS SON NOM.

A. — CORRESPONDANCE

320. Lettre a M Rameau. *S. l. n. d.* (*Paris*, 21 juin 1738). In-8 de 4 pp.

321. Lettre de M. de Voltaire a M. l'abbé Dubos. *S. l. n. d.* (1739) In-12 de 6 pp.

322. Lettre de M. de Voltaire sur son Essai de l'histoire de Louis XIV. A milord Harvey, garde des sceaux d'Angleterre. *S. l.,* 1740. In-8 de 8 pp.

323. Lettre a M. Norberg, chapelain du roy de Suède Charles XII, auteur de l'Histoire de ce monarque. *Londres* (*Paris, Prault*), 1744. In-8 de 1 f. de titre et 16 pp. [1]

324. Lettre de M. de V***, au révérend père de La Tour, principal du collége de Louis-le-Grand. *S. l.* (*Paris*), 1746. In-4 de 12 pp. — *S. l.* (*Paris*), 1746. In-8 de 1 f. de titre et 9 pp.

L'édition in-8 est intitulée : *Lettre de M. de Voltaire, etc.*

---

1. Cette *Lettre* a été imprimée à la suite de l'édition *princeps* de *Mérope*.

325. Lettre de M. de V*** a un de ses élèves, *S. l. n. d.* (1756). In-8 de 4 pp.

326. Lettres et Réponses de M. Palissot a M. de Volta're. *S. l. n. d.* (1760). In-12 de 2 ff.; 4 pp., pag. 9, 10, 11 et 21; 17 pp., pag. 3 à 19; 15 pp., pag. 1 à 15; 12 pp., pag. 1 à 8, 10, 26, 27 et 12.

> Le titre de départ porte : *Lettres de M. de Voltaire à M. Palissot avec les réponses.*
>
> Une autre édition est intitulée : *Lettres de M. de Voltaire à M. Palissot, avec les réponses, à l'occasion de la comédie des Philosophes. Genève (Paris),* 1760. In-12 de 68 pp.
>
> Il existe aussi une *Copie de la troisième lettre de M. de Voltaire à M. Palissot. S. l. n. d.* (18 juillet 1760), in-12 de 8 pp., avec une *Réponse de M. de Voltaire à M. Diderot.*

327. Lettre de M. de Voltaire au roi Stanislas. *Genève,* 1760 In-8 de 8 pp.

> Il existe plusieurs éditions de cette *Lettre* ayant toutes les mêmes titre, lieu, millésime, format et nombre de pages : les fleurons seuls et autres ornements typographiques permettent de les distinguer.

328. Lettre de M. de Voltaire sur plusieurs sujets intéressants, adressée a M. le marquis Albergati Capacelli, sénateur de Bologne, *S. l. n. d.* (23 décembre 1760). In-8 de 22 pp.

329. Réponse de M. de Voltaire a M. Diodati (*sic*) de Torazzi (*sic*), auteur du livre De l'excellence de la langue italienne. *S. l. n. d.* (24 janvier 1761). In-8 de 16 pp.

> Réimprimée sous le titre suivant : *Lettre de M. de Voltaire à M. Deodat de Tovazzi, etc., avec la réponse de M. Deodati... S. l. n. d.* In-12 de 24 pp.

330. Lettre de M. de Voltaire a M. le duc de La Vallière. *S. l. n. d. (Genève,* 1760). In-8 de 26 pp. et 1 f., p. 1-2.

> PP. 1-20. *Lettre de M. de Voltaire à M. le duc de La Vallière.*
> PP. 21-22. *Lettre de M. de Voltaire à Mylord Lydletton.*
> PP. 23-24. *Réponse de Mylord Lydletton.*
> PP. 25-26. *Réponse de M. de Voltaire à la Lettre de M. l'abbé Trublet.*
> PP. 1-2. *Lettre de M. le duc de La Vallière à l'auteur de l'Appel aux nations.*
>
> Il est rare de voir des exemplaires de cette *Lettre* constitués de la même façon; les uns n'ont que la *Lettre de Voltaire au duc de La Vallière;* les autres n'ont ni la *Réponse à l'abbé Trublet,* ni la *Lettre du duc de La Vallière.*
>
> Une réimpression est intitulée : *Lettres de M. de Voltaire à M. le duc de La Vallière, à Mylord Lydletton, etc... S. l. n. d.,* in-8, de 20 pp. Cette réimpression n'a pas la *Lettre du duc de La Vallière.*

331. Lettre de M. de Voltaire a Monsieur * (le duc de Bouillon).** *S. l. n. d.* (31 juillet 1761). In-8 do 3 pp.

> La première édition est intitulée : *Réponse de M. de Voltaire à M. le duc de Bouillon. S. l. n. d. (Genève)*, in-8 de 7 pp. Dans cette édition, la lettre de Voltaire est sans date.

332. Lettres de M. de Voltaire a l'électeur palatin et au roi de Prusse. *S. l. n. d. (Genève, 1761).* In-8 de 8 pp.

333. Lettre de M. de Voltaire, de l'Académie française, a M. l'abbé d'Olivet, chancelier de la même Académie. *S. l. n. d. (Genève, 20 août 1761).* In-8 de 15 pp.

334. Réponse de M. de Voltaire au sieur Fez, libraire d'Avignon, du 17 mai 1760. *Aux Délices.* In-8 de 12 pp.

> Suivie (pp. 7 à 12) d'une lettre de Formey.
> Le titre de départ (p. 3) porte : *Réponse de M. de Voltaire, etc., du 17 mai 1762*.

335. Lettre de M. de Voltaire a M. d'Alembert. *S. l. n. d. (Genève, 11 février 1763).* In-8 de 8 pp.

336. Aux Plaisirs (*sic*), 27 janvier 1764, *s. l. (Genève)*, 1764. In-8 de 8 pp.

> Lettre de Voltaire à Mme du Deffand, suivie de vers de La Harpe à Mlle Dumesnil.

337. Lettre de M. de Vol... a M. d'Am... (Damilaville). *S. l. n. d. (Genève, 1er mars 1765).* In-8 de 16 pp.

338. Lettre de M. de Voltaire a M. le marquis Dargence. 24 *Auguste* 1765.

> Imprimée à la suite d'une *Lettre de M. le marquis Dargence, brigadier des armées du roi. S. l. n. d. (Genève, 1765)*, in-8 de 8 pp. La rép.nse de Voltaire est aux pp. 7-8.

339. Lettres secrètes de M. de Voltaire publiées par M. L. B. *Francfort et Leipzig, Eslinger,* 1765. In-8 de 2 ff. non chiff. et 210 pp.

> Ces lettres, imprimées à la fin de 1764 avec le millésime 1765, ont été publiées par J.-B.-R. Robinet. On lit sur le frontispice de plusieurs exemplaires de cette édition de 1765 (1764) le nom de *Genève*. Les exemplaires avec le nom de *Genève* ont 3 ff. non chiff. et 210 pp.
> Une *nouvelle édition*, augmentée de *Lettres très-secrètes, Genève*, 1765, in-12, a 114 pp. et 1 f. d'errata. Il existe de cette *Nouvelle édition* plusieurs réimpressions, portant également le nom de *Genève* et le millésime 1765; l'une d'elles (in-8 de 1 f. de titre et 114 pp.) a un portrait-médaillon de Voltaire sur le titre.
> Réimpr. d'après Barbier (*Dict. des ouvr. anonymes, II*, 1288) en 1785.

340. LE DOCTEUR PANSOPHE OU LETTRES DE M. DE VOLTAIRE, ETC.

Voy. *Mélanges*, année 1766.

341. LETTRES DE M. DE VOLTAIRE [1] A SES AMIS DU PARNASSE, AVEC DES NOTES HISTORIQUES ET CRITIQUES. *Genève (Amsterdam)*, 1766. In-8 de 4 ff., non chiff. et 200 pp.

Ce recueil fut aussi publié par Robinet. Le désaveu de Voltaire, daté du 26 octobre 1766, avec des certificats de Damilaville, de Deodati de Tovazzi, etc., qui attestent que les Lettres imprimées par Robinet sont falsifiées, forme une brochure *s. l. n. d.*, in-8 de 8 pp.

342. RÉPONSE DE M. DE VOLTAIRE A M. L'ABBÉ D'OLIVET, ETC.,.. S. l. n. d. *(Genève,* 5 janvier 1767). In-8 de 1 f. et 18 pp.

Suivie pp. 17 (lisez 15)-18 de l'*Éloge de l'Hypocrisie*.

343. LETTRE DE M. DE VOLTAIRE A M. ÉLIE DE BEAUMONT, AVOCAT AU PARLEMENT, du 20 mars 1767. *S. l. n. d.* In-8 de 14 pp. — *Seconde édition, s. l. n. d. (Genève).* In-8 de 15 pp.

344. RÉPONSE DE M. DE VOLTAIRE (AU COMTE DE LA TOURAILLE).

Imprimée à la suite de la *Lettre de M. le comte de *** (La Touraille) à M. de Voltaire à l'occasion du nouvel an. S. l. n. d. (Paris,* 1768), in-8 de 7 pp.

345. LETTRE DE Mr L'ÉVÊQUE D'A* (ANNECY) A M. DE V***, AVEC LES RÉPONSES DU 11 AVRIL 1768. *S. l. n. d.* (1768). In-8 de 16 pp. [2]**

346. LETTRE DE M. DE VOLTAIRE A M. LE CURÉ DE SAINT-SULPICE. *S. l. n. d. (Paris,* 1778). In-12 de 8 pp.

Suivie de la *Réponse de Mr le Curé*, datée de Paris, 4 mars.

347. LETTRES CURIEUSES ET INTÉRESSANTES DE M. DE VOLTAIRE ET DE PLUSIEURS AUTRES PERSONNES DISTINGUÉES PAR LEUR RANG ET PAR LEUR MÉRITE. Avec des réflexions et des notes par M. A. D. *Dublin, Hallhead,* 1781. In-8 de 1 f., x, et 246 pp.

348. LETTRES DE M. DE VOLTAIRE A M. L'ABBÉ MOUSSINOT, SON TRÉSORIER, ÉCRITES DEPUIS 1736 JUSQU'EN 1742, ETC... ETC... PUBLIÉES PAR

1. Un recueil intitulé : *Monsieur de Voltaire peint par lui-même ou Lettres de cet écrivain dans lesquelles on verra l'histoire de sa vie, etc* ... Lausanne, 1766, 2 parties in-12 (nombreuses réimpressions), est un libelle dans lequel on a ramassé tout ce que Voltaire a écrit lui-même sur sa vie, ses ouvrages, ses querelles, etc.... Il contient un assez grand nombre de lettres de Voltaire. La préface et les notes ont été attribuées à La Beaumelle.

2. En 1773, on imprima une *Lettre d'un père à son fils faisant l'auteur et le bel esprit à Paris, suivie d'une Lettre de M. de Voltaire* (au duc de Richelieu). *Castres,* in-8 de 1 f. et 19 pp.

M. L'ABBÉ D*** (Du Vernet). *La Haye; Paris, Moutard*, 1781. In-8 de
XIX, 1 p. non chiff. et 244 pp.

> Sur les altérations faites par l'abbé Du Vernet à ces lettres, voy. Desnoi-
> resterres, *Voltaire à Cirey*, pp. 132-133; et la Préface de M. Courtat, qui
> a réimprimé en 1875 la correspondance de Voltaire avec l'abbé Moussi-
> not, sous le titre suivant : *Les Vrais Lettres de Voltaire à l'abbé Mous-
> sinot, publiées pour la première fois sur les autographes de la Bibliothèque
> nationale, par Courtat. Paris, Lainé.* In-8 de 2 ff. de titre, XLIV et
> 239 pp.

349. LETTRES DE M. DE VOLTAIRE ET DE SA CÉLÈBRE AMIE (MADAME
DU CHATELET), SUIVIES D'UN PETIT POÈME, ETC., ETC. *Genève et Paris,
Cailleau,* 1782. In-12 de VIII et 75 pp.

> Avec un extrait de la *Guerre civile de Genève*, pp. 65-67, etc., etc...
> Voy. *Correspondance secrète*, t. XIII, p. 188.

350. CORRESPONDANCE DE VOLTAIRE ET DU CARDINAL DE BERNIS, DÉ-
PUIS 1761 JUSQU'A 1777. *Publiée d'après leurs lettres originales, avec
quelques notes, par le citoyen Bourgoing, membre associé de l'Institut
national. Paris, Dupont et l'éditeur,* an VII. In-8 de XII, 311 pp. et 1 p.
non chiff. pour l'errata.

351. LETTRES INÉDITES DE VOLTAIRE A FRÉDÉRIC LE GRAND, ETC.
Publiées sur les originaux (par M. Boissonade). *Paris, Delalain jeune,*
1802. In-8 de 1 f. de titre, XII, 230 pp. et 1 f. d'errata; ou *ibid.,* 1802.
In-12 de 2 ff., X, 195 pp. et 1 p. non chiff. pour l'errata.

352. LETTRES INÉDITES D'HENRI IV, ET DE PLUSIEURS PERSONNAGES
CÉLÈBRES, TELS QUE FLÉCHIER, LA ROCHEFOUCAULD, VOLTAIRE, ETC. *Imprimées sur les originaux..., par A. Serieys. Paris, Tardieu,* an X
(1802). In-8.

Lettres de Voltaire, pp. 187, 192.

353. SUPPLÉMENT AU RECUEIL DES LETTRES DE M. DE VOLTAIRE. *Paris,
Xhrouet, Déterville, Petit,* 1808, 2 vol. in-8 de XIV et 399 pp. (t. Ier); —
de 2 ff. de titre et 384 pp. (t. IIe); — ou *ibid,* 1808, in-12 de XVI et 441 pp.
(t. Ier); — de 2 ff. et 439 pp. (t. IIe).

> Selon Barbier (*Dict. des ouvr. anonymes*, IV, 591) et Quérard, ce recueil
> a été publié par M. Auger.

354. OPUSCULES EN PROSE ET EN VERS RENFERMANT... des LETTRES INÉ-
DITES DE VOLTAIRE ET MONTESQUIEU (par Grosley). *Paris, Patris et Labitte,*
1810. In-12.

Lettre de Voltaire, p. 121.

355. LETTRES INÉDITES DE VOLTAIRE ADRESSÉES A MADAME LA COMTESSE

DE LUTZELBOURG, AUXQUELLES ON A JOINT UNE LETTRE AUTOGRAPHE DE
VOLTAIRE GRAVÉE PAR MILLER. *Paris, Masse* et *Delaunay,* 1813. In-8 de
3 ff., prélim., XXXIV et 139 pp.

>Fac-similé.

356. CHOIX DE LETTRES INÉDITES DE VOLTAIRE AU MARQUIS DE VAU-
VENARGUES (*publ. par M. Roux-Alphéran*). *Aix, Pontier,* 1813. In-8 de
16 pp.

357. LETTRES INÉDITES DE MADAME LA MARQUISE DU CHATELET ET
SUPPLÉMENT A LA CORRESPONDANCE DE VOLTAIRE AVEC LE ROI DE PRUSSE
ET AVEC DIFFÉRENTES PERSONNES CÉLÈBRES. *On y a joint quelques lettres
de cet écrivain qui n'ont point été recueillies dans les Œuvres com-
plètes, avec des notes historiques et littéraires. Paris, Lefebvre,* 1818.
In-8 de 2 ff. de titre, XI, 1 p. non chiff., 285 pp. et 1 p. non chiff. d'*errata.*

358. LETTRES INÉDITES DE VOLTAIRE. *Paris, chez les éditeurs Mongie, Delaunay* et *Pélicier,* 1818. In-8 de XI, 407 pp. et 1 p. non chiff.
d'*errata.*

>Portr. de Voltaire (par J. Vernet) et fac-similé.

359. LETTRES INÉDITES DE BUFFON, J.-J. ROUSSEAU, VOLTAIRE, ETC...,
PUBLIÉES PAR C.-X. GIRAULT. *Paris, Delaunay* et *Dijon, Gaulard Marin,*
1819. In-8 et in-12.

>Fac-similé.
>Lettre de Voltaire, p. 22.

360. VIE PRIVÉE DE VOLTAIRE ET DE MADAME DU CHATELET, OU SIX
MOIS DE SÉJOUR A CIREY. *Par l'auteur des Lettres péruviennes* (Madame
de Graffigny). *Suivi* (sic) *de cinquante lettres inédites en vers et en prose
de Voltaire. Paris, Treuttel et Wurtz, Pélicier, etc.,* 1820. In-8 [1].

361. LETTRES INÉDITES DE VOLTAIRE, DE MADAME DENIS ET DE COLINI,
ADRESSÉES A M. DUPONT, ETC., ETC... *Paris, Mongie aîné,* 1821. In-8 et
in-12 de 2 ff. de titre et 264 pp.

>Le faux titre porte : *Supplément aux œuvres complètes de Voltaire.*

362. LETTRES DIVERSES RECUEILLIES EN SUISSE PAR LE COMTE FÉDOR
GOLOWKIN, ETC... *Genève* et *Paris, Paschoud,* 1821. In-8 de 2 ff. de
titre et 428 pp.

>Lettres de Voltaire, pp. 91, 94, 102 à 190, 193 à 199, 202 à 231.

---

1. Réimprimée, en 1879, sous le titre suivant : *Lettres de madame de Graffigny, suivies de
celles de Mmes de Staal, d'Épinay, du Boccage, Suard, etc..., etc...; revues sur les éditions
originales.... par E. Asse. Paris, Charpentier.*

363. LETTRE DE VOLTAIRE A L'ABBÉ RAYNAL (*suivie d'une lettre du chancelier d'Aguesseau au marquis de Torcy*). *Paris, de l'impr. de F. Didot,* 1821. In-8.

> Tirée à 5 exempl. en papier ordinaire et 25 exempl. en papier vélin, pour la Société des bibliophiles. Cf *Mélanges publiés par la Société des bibliophiles français,* t. I. (1820).

364. LETTRES INÉDITES DE VOLTAIRE A MADEMOISELLE QUINAULT, A M. D'ARGENTAL, AU PRÉSIDENT HÉNAULT, ETC., ETC. *Paris, A.-A. Renouard,* 1822. In-8 de 2 ff. de titre, VIII et 388 pp.

> Se joint à l'édition des *OEuvres* donnée par M. Renouard.
> Contient 301 Lettres de Voltaire.

365. LETTRES DE VOLTAIRE (*Paris, impr. de Firmin Didot*), 1823. In-8 de 15 pp.

> L'éditeur de ces Lettres, imprimées en 1822 dans les *Mélanges publiés par la Société des bibliophiles français,* t. II, est M. S. Bérard.
> Tir. à trente exemplaires pour la Société des bibliophiles.

366. CORRESPONDANCE INÉDITE DE VOLTAIRE AVEC P.-M. HENNIN, RÉSIDENT DE FRANCE PRÈS LA RÉPUBLIQUE DE GENÈVE, ETC... PUBLIÉE PAR M. HENNIN FILS. *Paris, J.-S. Merlin,* 1825. In-8 de XXX et 296 pp.

367. LETTRES INÉDITES DE VOLTAIRE. *Paris, Dupont,* 1826. In-8 de 2 ff. de titre, II, 380 et XXXVIII pp.

> Vignette sur le frontispice et fac-similé.
> Se joint à l'édition des *OEuvres* donnée par M. Dupont. La table alphabétique de la *Correspondance générale,* en XXXVIII pp., doit se placer à la fin du tome LXIX de cette édition.

368. LETTRE DE VOLTAIRE A M. SÉGUY (*Paris, impr. de F. Didot*) 1826. In-8 de 7 pp.

> Impr. à trente exemplaires pour la Société des bibliophiles français, par le marquis de Fortia. — Cf *Mélanges publiés par la Société des bibliophiles français,* t. V.

369. LETTRES DE VOLTAIRE ET DE J.-J. ROUSSEAU A C.-J. PANCKOUCKE. *Paris, Panckoucke,* 1828. In-8 de 66 et 4 pp. non chiff.

370. CORRESPONDANCE INÉDITE DE VOLTAIRE AVEC FRÉDÉRIC II, LE PRÉSIDENT DE BROSSES ET AUTRES PERSONNAGES, PUBLIÉE D'APRÈS LES LETTRES AUTOGRAPHES, AVEC DES NOTES, PAR TH. FOISSET. *Paris, Levavasseur,* 1836. In-8 de 2 ff. de titre, VII, 410 et 68 pp.

> A reparu en 1858 sous le titre suivant : *Voltaire et le président de Brosses. Correspondance inédite suivie d'un supplément à la Correspondance de*

Voltaire avec le roi de Prusse et d'autres personnes, publiée, etc... par Th. Foissel. Nouvelle édition. Paris, Didier et C¹⁰. In-8 de 2 ff. de titre, vII 410 et 68 pp. — Il n'y a pas eu réimpression.

371. LETTRE DE VOLTAIRE (1745), RELATIVE A SON HISTOIRE DE PIERRE Iᵉʳ, ADRESSÉE AU COMTE D'ALION, MINISTRE DE FRANCE EN RUSSIE SOUS LE RÈGNE DE L'IMPÉRATRICE ÉLISABETH Iᵉ, ETC..., ETC... *Paris, impr. Lange Lévy et Cᵉ, avril 1839. In-8 de 11 pp.*

Publiée par *un bibliophile* (M. S. Poltoratzky), et tirée à 150 exemp. numérotés.

Cf *l'Histoire de la Régence,* de Lemontey (1832, t. II, p. 393), et *le Temps* du 14 avril 1839.

MM. de Cayrol et François l'ont insérée dans leur recueil. C'est la lettre 1721 de la présente édition.

372. LETTRES INÉDITES DE VOLTAIRE (*Paris, impr. Demoquet*), 1840, in-8 de 15 pp.

Publiées par M. G. B. (G. Brunet), et tirées à 40 exemp. Cf *Le Bulletin du bibliophile,* 1840, p. 184.

373. LETTRES INÉDITES DE VOLTAIRE, RECUEILLIES PAR M. DE CAYROL ÉT ANNOTÉES PAR M. ALPHONSE FRANÇOIS, ETC., ETC. *Paris, Didier et C⁰, 1856. 2 vol. in-8.*

Deuxième édition en 1857.
La *Préface* est de Saint-Marc-Girardin.

374. VOLTAIRE A FERNEY. SA CORRESPONDANCE AVEC LA DUCHESSE DE SAXE-GOTHA, SUIVIE D'AUTRES LETTRES ET DE NOTES POUR MÉZERAI CONTRE LE P. DANIEL, ENTIÈREMENT INÉDITES, *recueillies et publiées par MM. E. Bavoux et A. F. (François). Paris, Didier, 1860. In-8.*

Deuxième édition, augmentée de 27 lettres inédites, en 1865.

375. VOLTAIRE. LETTRES INÉDITES SUR LA TOLÉRANCE, *publiées avec une Introduction et des Notes, par Athanase Coquerel fils. Paris et Genève, Cherbuliez; Amsterdam, Van Bakkenes, 1863. In-18 jésus, de 2 ff. de titre, XII et 308 pp.*

376. LETTRES ET BILLETS DE VOLTAIRE, A L'ÉPOQUE DE SON RETOUR DE PRUSSE EN FRANCE, EN 1753. *Paris. Pour la Société des bibliophiles (Jouaust) 1867. In-8 de VIII et 31 pp.*

377. LETTRES DE VOLTAIRE A MR LE CONSEILLER LE BAULT, *publiées et annotées par Ch. de Mandat-Grancey. Paris, Didier, 1868. In-8 de XV et 82 pp.*

378. VOLTAIRE. LETTRES ET POÉSIES INÉDITES ADRESSÉES A LA REINE DE PRUSSE, A LA PRINCESSE ULRIQUE, A LA MARGRAVE DE BAIREUTH, *pu-*

*bliées d'après les originaux de la Bibliothèque royale de Stockholm,
par M. Victor Advielle. Paris, Librairie des bibliophiles, 1872. In-16
de 70 pp.*

> Tir. à 350 exempl. numérotés.
> *Cabinet du Bibliophile, n° XIII.*

379. SIX LETTRES INÉDITES DE VOLTAIRE. *Bourg, Impr. de Dufour*
(1874). In-8 de 28 pp.

> Extrait des *Annales de la Société de l'émulation de l'Ain, Bourg.* 1873,
> pp. 315-310.
> L'éditeur est M. Cl. Perroud.

380. VOLTAIRE ET LE PAYS DE GEX. LETTRES ET DOCUMENTS INÉDITS,
par A. Vayssière. Bourg, Grandin. 1876, in-8.

> Tir. à 100 exempl.

381. LETTRES ET VERS DE VOLTAIRE ADRESSÉS A M. DE BELMONT,
DIRECTEUR DES SPECTACLES DE BORDEAUX. *Bordeaux, Gounouilhou, 1880,*
in-8.

> Extrait des *Annales de la faculté des Lettres de Bordeaux.*

382. UNE LETTRE INÉDITE DE VOLTAIRE, *annotée par M. Émile Biais,
archiviste de la ville d'Angoulême, conservateur du Musée archéolo-
gique. Angoulême, Goumard, 1880. In-8 de 11 pp.*

> Extr. du *Bulletin de la Société archéologique et historique de la Cha-
> rente,* ann. 1878-1879.
> Tirée à 100 exempl.

B. — LETTRES CHOISIES.

383. LETTRES CHOISIES DE VOLTAIRE. *Paris, chez les libraires associés, 1792. 4 vol. in-12.*

384. CHOIX MORAL DE LETTRES DE VOLTAIRE, *précédé d'une Notice sur
la vie et les ouvrages de cet écrivain célèbre, par M. Victor-M. Hugo.
Paris. Boulland, 1824. 4 vol. in-18. Portr.*

385. LETTRES CHOISIES DE VOLTAIRE. *Par Eugène Fallex. Paris, Delagrave, 1867, 2 vol. in-8.*

LES MÊMES : Édition à l'usage des classes, *ibid.,* 1881, in-12.

386. LETTRES CHOISIES DE VOLTAIRE, *précédées d'une notice, etc.,*

par *M. Louis Moland, ornées d'une galerie de portraits historiques.*
Paris, Garnier frères, 1872 (1871). Grand in-8 de xxvii et 625 pp.[1].

Contient 430 lettres.

387. LETTRES CHOISIES DE VOLTAIRE AVEC DES NOTES HISTORIQUES ET LITTÉRAIRES, *par M. Ch. Aubertin. Paris, veuve Belin,* 1882. In-12.

Des lettres de Voltaire ont été publiées, aussi bien de son vivant qu'après sa mort, dans presque tous les ouvrages périodiques de la France et de l'étranger : dans l'*Amateur d'autographes,* les *Annales de la Faculté des Lettres de Bordeaux,* les *Annales de la Société de l'émulation de l'Ain,* l'*Athenæum,* l'*Autographe,* le *Bibliophile belge,* la *Bibliothèque universelle de Genève,* le *Bulletin de la Société de l'histoire du protestantisme français,* le *Bulletin du bibliophile,* le *Bulletin polymathique de Bordeaux,* la *Correspondance littéraire,* la *Correspondance littéraire de Grimm,* la *Correspondance secrète,* le *Courrier d'Italie,* le *Courrier de l'Europe,* la *Décade philosophique,* l'*Illustrated London News,* l'*Intermédiaire des chercheurs et curieux,* le *Magasin encyclopédique,* les *Mélanges publiés par la Société des bibliophiles français,* les *Mémoires secrets,* le *Mercure de France,* le *Nouveau Magasin français,* la *Revue des autographes,* la *Revue des Deux Mondes,* la *Revue rétrospective,* etc., etc., etc.....

Beaucoup d'autres lettres ont paru dans les œuvres de d'Alembert, d'Algarotti, du marquis d'Argenson, de Baculard d'Arnaud, de Bettinelli, du chevalier de Boufflers, de Buffon, de M. de Chenevières, de Condorcet, de Diderot, de Mme du Deffand, de Mme Dunoyer, de Favart, de Frédéric le Grand, de Formey, de Garat, de Garrick, de Grosley, d'Helvétius, de Lebrun, de Lekain, de Marmontel, de MM. de La Montagne, de la Place, de la Sauvagère, de la Touraille, de J.-B. et de J.-J. Rousseau, de la comtesse de Vidampierre, du marquis de Villette, d'Horace Walpole, etc., etc., etc...

On trouve encore des lettres de Voltaire dans divers ouvrages de Beffroi de Reigny, de lord Brougham, de M. Capitaine, de lord Chatham, de Colini, de Longchamp et Wagnière, de M. Sayous, de M. Stahr, de Thiébault, de M. Tribolati, du marquis de Valori, de M. Varnhagen von Ense, etc., etc.

Donnons encore les titres des volumes et recueils suivants, qui contiennent un nombre plus ou moins considérable de lettres inédites de Voltaire.

Tableau historique et politique des révolutions de Genève, dans le xviiie *siècle,* 1782. — *Mémoire pour servir à la justification de l'administration du pays de Gex,* par Fabry, syndic général, 1790. — *Pièces inédites de Voltaire,* 1820. — *Documents pour servir à l'histoire politique et littéraire des temps passés et des temps présents,* par F.-A. Ebert, 1826. — *Monuments des arts du dessin, etc.,* recueillis par le baron Vivant Denon, 1829. — *Essai sur la vie de Tissot,* 1839. — *Voltaire à Lausanne,* par J. Olivier, 1842. — *Le Correspondant,* du 15 juin 1844. — *Biographie d'Albert de Haller,* 1845. — *Étrennes nationales,* par Gaullieur, 1845 et ann. suivantes. — *Lettres, pièces rares ou inédites,* par Matter, 1846 — *Études sur la Russie,* par Léouzon-le-Duc, 1852. (Cf *Voltaire et la police,* du même, 1867). — *Mélanges historiques et littéraires sur la Suisse fran-*

---

1. LES MÊMES : *Ibid.,* 1874, 2 vol. in-12. —CHOIX DE LETTRES DE VOLTAIRE. *Édition classique avec un extrait de l'appréciation de la correspondance de M. de Voltaire, par M. D. Nisard, une notice biographique et des notes, par L. Moland. Paris, Garnier,* 1831, in-12. — *Deux cents Lettres de Voltaire. Édition classique avec un extrait, etc.... par L. Moland. Avec un fac-similé de l'écriture de Voltaire. Ibid.,* 1882, in-12.

Des *Lettres choisies de Voltaire* ont été encore publiées en 1831, par M. Frédéric Godefroy (Gaume, in-18).

çaise, par Gaulliour, 1855 — *Mémoires et correspondances historiques et littéraires inédits*, par Ch. Nisard, 1858. — Le *Dernier Volume des œuvres de Voltaire*, 1862. — *Le Monde illustré*, du 9 mai 1863. — — *Le Cabinet de l'Amateur*, par E. Piot (nᵒˢ 27 et 28 de 1863). — *Le Nain jaune*, du 4 juillet 1863. — *La Revue française* du 1ᵉʳ novembre 1865, des 1ᵉʳ février et 1ᵉʳ mars 1866 (Cf le volume intitulé : *Voltaire und die Markgräfin von Baireuth*, von Georg Horn, 1865). — *Voltaire au collège*, par Henri Beaune, 1867. — *Collection de Documents, Mémoires et Correspondances relatifs à l'histoire de l'empire de Russie*, publiée par la Société impériale de l'histoire de Russie, 1870 et ann. suiv. — *Voltaire et la Société au* XVIIIᵉ *siècle*, par M. Desnoiresterres, deuxième édition, 1871 et ann. suivantes. — *La Revue politique et littéraire* du 14 septembre 1872. — *Souvenirs de la maréchale princesse de Beauvau*, 1872. — *La Suisse illustrée* du 25 mai 1872. — *Wiener Abendpost* du 3 janvier 1873. — *Briefwechsel der Grossen Landgräfin Carolina von Hessen*, 1877. — *Voltaire en exil*, par B. Gastineau, Paris. 1878, in-12. — *Manchester Guardian*, du 27 mars 1880. — *Mémoires de l'Académie de Montpellier* (section des lettres), 1880. — *Archives de la Bastille; Documents inédits recueillis et publiés par F. Ravaisson*[1], 1881. — *Voltaire contre Shakespeare, Baretti contre Voltaire, Rome*, 1882. — *Le Livre* (livraisons des 10 août et 10 novembre 1882) etc., etc.

Quant aux Lettres inédites de Voltaire qui n'ont jamais été imprimées, il en existe d'assez nombreux recueils, principalement en Suisse, en Angleterre et en France.

« On annonçait tout récemment la vente, à l'hôtel Drouot, de soixante-huit lettres inédites adressées par Voltaire au marquis d'Argens. Ces lettres excitaient vivement la curiosité du public, la plupart ayant été écrites au moment où Voltaire était au plus mal avec Frédéric II. M. d'Argens était un original très divertissant. Frédéric II l'avait attiré à Potsdam, où il reçut la clef de chambellan et 6,000 livres de pension. Voltaire se plaignit à lui plus d'une fois de la chicherie de Frédéric II, de la mauvaise qualité du café, de ce qu'il y avait d'inconvenant à laisser un homme de son importance acheter lui-même son sucre à la cour du roi philosophe.

« Les fameuses lettres ne se sont pas vendues. Trouvées dans la succession d'un avoué d'Angoulème, les lettres de Voltaire ont été revendiquées par l'arrière-petit-fils du marquis d'Argens. Ces curieux autographes, classés et annotés par le marquis d'Argens, ont été considérés comme un précieux héritage de famille. Ils auraient été, paraît-il, détournés par un mandataire salarié du marquis d'Argens, sorte d'archiviste, mort depuis peu. Les héritiers de ce dernier se sont dits propriétaires en vertu de cet axiome de droit : « En fait de meubles, possession vaut titre. » Le tribunal d'Angoulème n'a point goûté ce système, et a ordonné la restitution des lettres au marquis d'Argens. Nous espérons que ce dernier livrera ces lettres à la publicité, attendu qu'il s'agit des époques les plus curieuses de la vie de Voltaire[2]. »

On lisait récemment dans les journaux russes :

« Le journal *Orlovsky Vestnik* (le Messager d'Orel) nous apprend que quelques propriétaires du gouvernement d'Orel possèdent des bibliothèques remarquables où l'on trouve des ouvrages et des manuscrits fort rares. Ils sont fort négligés pour la plupart. Ainsi dans le village de Moldovane, district de Karatchevsky, qui a appartenu autrefois à Teploff, secrétaire d'État de l'impératrice Catherine II, il y a une

---

1. Il résulte d'une note de l'inspecteur de police d'Hémery à M. Berryer, publiée par M. Ravaisson (p. 372 du tome XII de ses *Archives de la Bastille*) que Voltaire passait pour être le père du libraire Lambert. Des extraits d'une correspondance inédite très-intéressante entre Voltaire et Lambert, relative à la publication des *OEuvres de Voltaire*, ont été donnés en 1856, par M. Laverdet, dans un *Catalogue d'une collection d'autographes* (vente des 2-5 juin 1856).

2. *Liberté* du 9 juin 1873.

bibliothèque des plus riches où l'on peut voir quelques rouleaux d'une correspondance, inédite, authentique et restée inconnue jusqu'à aujourd'hui, de Voltaire avec Teploff et Razoumovsky. »

Voyez aussi le *Moniteur universel* du 28 octobre 1880.

C. — OUVRAGES ÉDITÉS OU ANNOTÉS PAR VOLTAIRE

388. L'ANTI-MACHIAVEL OU ESSAI DE CRITIQUE SUR LE PRINCE, DE MACHIAVEL. 1740. In-8.

(Souvent réimprimé.)

389. RECUEIL DES FACÉTIES PARISIENNES POUR LES SIX PREMIERS MOIS DE L'AN 1760. In-8.

(Voy. *Mélanges.*)

390. THÉÂTRE DE P. CORNEILLE AVEC DES COMMENTAIRES. 1764. 12 vol. in-8 (Voy. *Mélanges*).

391. DISCOURS DE L'EMPEREUR JULIEN CONTRE LES CHRÉTIENS, *traduit de M. le marquis d'Argens.* 1768. In-8.

392. LES SOUVENIRS DE MADAME DE CAYLUS. 1770. In-8.

393. JOURNAL DE LA COUR DE LOUIS XIV, DEPUIS 1684 JUSQU'A 1715 1770. In-8.

394. ÉLOGE ET PENSÉES DE PASCAL. *Paris (Genève),* 1778. In-8.

395. LETTRES DE MADEMOISELLE AÏSSÉ A MADAME C***, *avec des notes dont quelques-unes sont de M. de Voltaire.* 1787. In-12.

396. DE LA FÉLICITÉ PUBLIQUE, ETC., par le marquis de Chastellux. *Nouvelle édition augmentée de notes inédites de Voltaire.* 1822. 2 vol. in-8.

D. — ŒUVRES COMPLÈTES.

397. ŒUVRES DE M. AROUET DE VOLTAIRE. *La Haye. Gosse et Néaulme,* 1728. In-12.

OEdipe, Hérode et Mariamne, la Henriade et plusieurs pièces, qui ne sont pas de Voltaire (*le Ballet de la Sottise, le Mauvais Ménage,* etc.). Les libraires se sont bornés à imprimer des frontispices, en réunissant des éditions, publiées séparément, d'OEdipe, d'Hérode et Mariamne, etc.

398. ŒUVRES DE M. DE VOLTAIRE. *Nouvelle édition revue, corrigée et augmentée par l'auteur et enrichie de figures en taille-douce. Amsterdam, Et. Ledet ou J. Desbordes, 1732. 2 vol.* in-8.

Le second volume contient, avec des titres distincts et une pagination séparée, le Théâtre de Voltaire.

399. ŒUVRES DE M. DE VOLTAIRE. *Amsterdam (Rouen), 1736. 4 vol.* in-12.

Édition citée par Peignot et par Quérard.

400. ŒUVRES DE M. DE VOLTAIRE. *Nouvelle édition revue, corrigée et considérablement augmentée, avec des figures en taille-douce. Amsterdam, Et. Ledet et Cie, 1738-1739. 4 vol.* in-8.

Édition donnée avec la participation de Voltaire. Nous ne connaissons pas le tome V^e de cette édition; mais un tome VIe parut en 1745.

401. ŒUVRES DE M. DE VOLTAIRE, ETC... *Amsterdam. Aux dépens de la Cie, 1739. 3 vol.* in-8.

Avec une édition séparée (dans le tome IIIe) des *Lettres écrites de Londres sur les Anglais.*

402. ŒUVRES DE M. DE. VOLTAIRE. *Nouvelle édition revue, corrigée et considérablement augmentée, avec des figures en taille-douce. Amsterdam, Aux dépens de la C$_{ie}$, 1740. 4 vol.* in-12.

Une autre édition, portant les mêmes titre, lieu, adresse, millésime, etc., a également 4 vol. in-12.

403. ŒUVRES DE M. DE VOLTAIRE. *Nouvelle édition revue, corrigée et considérablement augmentée, avec des figures. Amsterdam. Aux dépens de la Cie. (Chartres ou Rouen), 1741-1742. 5 vol.* in-12.

Le tome V^e est une réimpression d'un volume condamné en 1739 et intitulé : *Recueil des nouvelles pièces fugitives en prose et en vers, etc., Londres.* 1741, in-12.

404. ŒUVRES MÊLÉES DE M. DE VOLTAIRE. *Nouvelle édition revue sur les précédentes et considérablement augmentée. Genève, Bousquet, 1742, 5 vol.* in-12.

C'est l'édition de 1741-1742, avec de nouveaux frontispices (gravés) et quelques changements. Cette édition fut donnée à Paris, par les libraires *Barrois, Didot, etc.* Le cinquième volume a subi des remaniements; on le trouve tantôt en 270, tantôt en 252 pp.

405. ŒUVRES DE M. DE VOLTAIRE. *Amsterdam, Arckstée et Merkus, 1743. 5 vol.* in-8.

Reproduction, avec de nouveaux frontispices, des quatre volumes de l'édition de 1738-1739. Un tome VIe (nous croyons qu'il faut lire V^e) est daté de 1745.

406. Œuvres diverses de M. de Voltaire. *Nouvelle édition recueillie avec soin, enrichie de pièces curieuses, et la seule qui contienne ses véritables ouvrages. Londres, J. Nourse (Trévoux), 1746, 6 vol. in-12.*

407. Œuvres de M. de Voltaire. *Nouvelle édition revue, corrigée et considérablement augmentée par l'auteur. Enrichie de figures en taille-douce. Dresde, G.-C Walther, 1748-1754. 10 vol. in-8.*

> Édition donnée avec la participation de l'auteur. Le tome IX est de 1750; le tome X de 1751. Condamn. par la cour de Rome le 22 février 1753.

408. La Henriade et autres ouvrages du même auteur. *Nouvelle édition revue, corrigée, avec des augmentations considérables, particulières et incorporées dans tout ce recueil. Enrichi (sic) de 56 figg. Londres, Aux dépens de la Société, 1750-1752.*

> C'est pour cette édition, dont les faux titres portent: *OEuvres de M. de Voltaire*, que d'Arnaud a composé sa *Dissertation historique, etc.* (in-12 de xxiv pp.).
>
> Cette édition avait au moins 10 volumes, en 1752; il est probable qu'elle forme 12 volumes, comme une édition faite à *Rouen* en 1748 (avec le titre d'*Amsterdam*), et dont Voltaire parle dans ses lettres à d'Argental et à Clément de Dreux, des 10 et 11 juin 1748.

409. Œuvres de M. de Voltaire. *Nouvelle édition considérablement augmentée, enrichie de figures en taille-douce. S. l. (Paris, Lambert), 1751. 11 vol. petit in-8.*

> Cette édition, à l'impression de laquelle Voltaire ne demeura pas étranger, fut complétée en 1758 par deux volumes pet. in-8, et intitulés : *Supplément aux OEuvres de M. de Voltaire. Londres.* On fit, en 1763, de nouveaux frontispices pour ces deux tomes, qui se débitaient à Paris, chez Panckoucke.

410. Œuvres de M. de Voltaire. *Nouvelle édition revue, corrigée et considérablement augmentée par l'auteur. Enrichie de figures en taille-douce. Dresde, G.-C. Walther, 1752. 10 vol. in-12.*

> Les tomes IX et X de cette édition sont de 1770.

411. Collection complète des Œuvres de M. de Voltaire. Première édition. *S. l. (Genève, Cramer), 1756. 17 vol. in-8.*

> T. I. *La Henriade.*
> T. II, III, IV, V : *Mélanges de poésies; — Mélanges de philosophie; — Mélanges de littérature; — Suite des Mélanges de littérature.*
> T. VI. *Histoire de Charles XII.*
> T. VII-X. *Ouvrages dramatiques.*
> T. XI.-XVII. *Essai sur l'Histoire générale.*
> En 1757, il fut fait un nouveau tirage de cette édition, avec réimpression partielle des tomes I, X et XVII.
> Réimprimée en 1761, et de 1770 à 1773, l'édition des frères Cramer s'augmenta successivement du *Recueil des facéties parisiennes,*

d'une *Seconde Suite des Mélanges de littérature*, des *Contes de Guillaume Vadé*, d'un cinquième volume de *Théâtre*, des *Nouveaux Mélanges historiques, critiques, etc.* (les *Nouveaux Mélanges* forment 19 volumes), des *Questions sur l'Encyclopédie*, de l'*Histoire de l'empire de Russie*, de l'*Histoire du Parlement de Paris*, de la *Pucelle*, de la *Raison par alphabet*; on put ainsi réunir, dès 1771, une collection de 51 volumes d'œuvres de Voltaire, collection qui fut plus tard portée à 58 volumes, par l'impression des tomes XIII-XIX des *Nouveaux Mélanges*. Une *Table générale des OEuvres de M. de Voltaire, sur l'édition in-8*, fut publiée en 1774. Il existe des exemplaires de cette *Table*, avec des cartons pour les pp. 131-139. Ces cartons avaient été rendus nécessaires par la publication des tomes XIII et XIV des *Nouveaux Mélanges*.

412. OEuvres de M. de Voltaire. *Seconde édition, considérablement augmentée, enrichie de figures en taille-douce. S. l. (Paris, Lambert),* 1757. 20 ou 22 vol. in-12.

L'édition en 20 volumes ne comprend pas les *Annales de l'Empire*.

413. Collection complète des OEuvres de M. de Voltaire. *Nouvelle édition augmentée de ses pièces de théâtre et enrichie de 61 figures en taille-douce. Amsterdam. Aux Dépens de la Cⁱᵉ,* 1764. 22 tomes en 18 vol. in-12.

Les tomes I, III, XVII, et XVIII ont deux parties.
Voltaire est demeuré étranger à la publication de cette édition, qui contient un grand nombre de pièces relatives à ses ouvrages, à sa personne, à ses querelles littéraires, sans parler des pièces qu'il a désavouées ou qui ne sont pas de lui.

414. Collection complète des OEuvres de M. de Voltaire. *Genève (Cramer) et Paris, Bastien,* 1768. — 4° Année républicaine. 45 vol. in-4. 42 figg. de Gravelot et portraits.

Les volumes XXXI à XLV ont été imprimés longtemps après l'édition de Kehl.
Le tome XLV se termine par une *Table générale des matières*.

415. Collection complète des OEuvres de M. de Voltaire. *Lausanne, François Grasset et comp.* 1770 et ann., suiv. 57 vol. in-8 (d'après Quérard).

Nous n'avons pas rencontré un seul exemplaire complet, appartenant à cette édition de *Lausanne*, à laquelle Voltaire, malgré ses désaveux, a dû participer.

416. OEuvres de M. de Voltaire. *Genève (Liége, de l'impr. de Plomteux).* 1771-1777. 32 vol. in-12.
417. OEuvres de M. de V***. *Neufchâtel (Paris, Panckoucke),* 1772-1773, 34 vol. in-12.

Cette édition est annoncée souvent en 40 volumes, parce qu'on y joint les six volumes des *Questions sur l'Encyclopédie,* publiés en 1777 par le même éditeur.

L'édition de 1772-1773 a été réimprimée en 1783.

418. LA HENRIADE, DIVERS AUTRES POÈMES ET TOUTES LES PIÈCES RELATIVES A L'ÉPOPÉE. *S. l. (Genève, Cramer* et *Bardin),* 1775. In-8. Figg. Édit. encadrée.

> C'est le premier volume de l'édition dite *encadrée,* qui forme 37 vol. in-8, plus 3 vol. de *Pièces détachées, etc.*
> Cette édition ne porte point le titre d'*OEuvres;* on lit aux faux titres : *Tome Ier, tome IIe, tome IIIe,* etc. Chaque ouvrage est imprimé avec son titre particulier : *Ouvrages dramatiques, la Pucelle d'Orléans, Mélanges, Essai sur les mœurs, etc., etc.*
> L'édition encadrée est la dernière édition des *OEuvres* donnée du vivant de Voltaire, avec sa participation. Un volume de *cartons,* d'environ 400 pp., se joint ordinairement à cette édition. C'est sur un exemplaire de l'édition *encadrée,* dont 31 vol. avaient été corrigés de la main de Voltaire, que fut imprimée en partie l'édition de Kehl.

419. OEUVRES COMPLÈTES DE VOLTAIRE. *De l'imprimerie de la Société littéraire typographique (Kehl),* 1784-1789 et 1785-1789. 70 volumes in-8 ou 92 vol. in-8 et in-12. Figg. (de Moreau le jeune).

> Le prospectus de cette édition parut en janvier 1781, sous le titre d'*Édition des OEuvres de M. de Voltaire avec les caractères de Baskerville.*
> L'édition en 70 vol. in-8 a été tirée sur cinq papiers différents : *papier bis; papier ordinaire dit à la +* (croix); *grand papier dit à l'** (étoile); *grand papier fin; très-grand papier fin.*
> Les papiers bis et ordinaire n'ont pas les figures. — Pour l'édition en 92 volumes, il existe également cinq papiers.
> Chantreau a fait paraître en 1801 une *Table analytique et raisonnée des matières contenues* dans les 70 volumes des *OEuvres de Voltaire.* (*Paris,* an IX, 2 vol. in-8.)

420. OEUVRES COMPLÈTES DE VOLTAIRE. *Basle, de l'impr. de J.-J. Tourneisen, avec des caractères de G. Haas;* ou *Gotha, Ch.-G. Ettinger,* 1784 et ann. suiv. 71 vol. in-8.

> Réimpr. de l'édition de Kehl, augmentée d'une soixantaine de lettres inédites.

421. OEUVRES COMPLÈTES DE VOLTAIRE. *Lyon, La Mollière* (ou *Bâle,* ou *Deux-Ponts,* ou *Hambourg),* 1791 et ann. suiv. 100 vol. in-12.

> Nous ne connaissons pas cette édition, citée par Beuchot et par Quérard.

422. OEUVRES COMPLÈTES DE VOLTAIRE. *Paris* et *Liége, Desoer (impr. de Fain),* 1817 et ann. suiv. 12 vol. in-8.

> La *Table analytique,* de Goujon, a paru en 1819 et forme un vol. in-8.
> Chaque volume de cette édition est divisé en 2 tomes.

423. VOLTAIRE. ŒUVRES COMPLÈTES. *Paris, Plancher.* 1817 et ann. suiv., 44 vol. in-12.

Le 44ᵉ volume contient une *Table analytique.*

424. ŒUVRES COMPLÈTES DE VOLTAIRE. *Paris. Madame veuve Perronneau, Cérioux, Delaunay et Mongie,* 1817 et ann. suiv. 56 vol. in-12.

Édition due en grande partie aux soins de Beuchot.

425. ŒUVRES COMPLÈTES DE VOLTAIRE. *Nouvelle édition. Paris, Lefèvre et Déterville (impr. de Crapelet),* 1817 et ann. suiv. 41 vol. in-8.

La *Table générale,* de M. Miger (*Paris,* 1820, in-8), forme le tome XLIIᵉ.

426. ŒUVRES COMPLÈTES DE VOLTAIRE. *Paris, Renouard (impr. de Crapelet),* 1819 et ann. suiv. 66 vol. in-8. Figg. de Moreau le jeune (Ce sont les 113 figg. de la *Seconde Suite.*)

Les *Lettres de Voltaire à Mⁱˡᵉ Quinault, etc.,* la *Vie* et les *Mémoires de Voltaire, avec les Tables* chronologiques et deux volumes de *Tables,* par M. Miger, forment les tomes XLIII à XLVI de l'édition Renouard.

AUTRES ÉDITIONS DES ŒUVRES COMPLÈTES DE VOLTAIRE :

427. *Paris, E.-A. Lequien (impr. de P. Didot aîné).* 1820 et ann. suiv., 70 vol. in-8. — *Nouvelle édition. Paris, Carez, Thomine et Fortic (impr. de Carez).* 1820 et ann. suiv. 60 vol. in-18. — *Paris, Esneaux (impr. de Mᵐᵉ Vᵉ Jeunehomme-Crémlère, etc.)* 1821 et ann. suiv. 65 vol. in-8. — *Paris, chez l'éditeur (impr. de Laurens aîné).* 1821 et ann. suiv., 75 vol. in-12. (C'est le *Voltaire, édition Touquet*). — *Paris, Chassériau, ou P. Dupont (impr. de P. Dupont ou Gaultier Laguionie).* 1823 et ann. suiv., 71 vol. in-8. — *Paris, Dalibon ou Delangle, ou Delangle frères et Marius Amyot (impr. de J. Didot aîné).* 1824 et ann. suiv., 97 vol. in-8[1]. — *Paris, Baudouin frères (impr. de J. Didot aîné).* 1825 et ann. suiv., 97 vol. in-8[2]. — *Paris, J. Didot aîné, Baudouin frères, Roux-Dufort, Jeannin, etc., etc.. (Impr. de J. Didot aîné).* 1825 et ann. suiv, 1 vol. in-8, portr.[3] — *Paris, Verdière, Dupont, Rapilly, Bossange, etc. (impr. de Fournier).* 1825 et ann. suiv., 3 vol. in-8. — *Paris, Baudouin frères (impr. de Rignoux).* 1825 et ann. suiv., 75 vol. in-8[4]. — *Paris, Fortic et Verdière (impr. de Lachevardière, de Carez, etc).* 1825 et ann. suiv., 75 vol. in-18. — *Paris, Garnery (impr. de Cosson).* 1827 et ann. suiv., 75 vol. in-12[5]. — *Paris, Lefèvre, Firmin Didot frères, Werdet et Lequien fils*

1. Édition donnée avec le concours de MM. Arago, Auguis, Clogenson, Daunou, etc.
2. C'est la *première édition Baudouin,* tirée à 1,000 exemplaires sur les formes de l'édition Dalibon-Delangle.
3. Édition en 96 livraisons. La dernière page imprimée est chiffrée 5551. — De nouveaux frontispices furent faits pour cette édition en 1832, avec l'adresse de *Lervi et Feret,* et en 1827-1829 avec l'adresse de *J. Didot l'aîné et Dufour et Cie.*
4. *Deuxième, troisième, quatrième* et *cinquième éditions Baudouin.* On a fait, pour ces quatre éditions, ou plutôt pour ces quatre tirages d'une seule et même édition, des frontispices avec le millésime 1828.
5. Édition stéréotype. Nouveau tirage du *Voltaire-Touquet* en 75 vol. — Nous possédons un volume d'une édition des *Œuvres complètes de Voltaire,* donnée à Bruxelles en 1827 par les imprimeurs-libraires *Ode et Wodon.* Cette édition forme au moins 93 livraisons pet. in-12.

(*impr de Firmin Didot*). 1828 et ann. suiv., 70 vol. in-8; plus une *Table alphabétique* par Miger (*Paris, Beuchot, Lefèvre, Aimé André; impr. de Crapelet*).
1810, 2 vol. in-8 [1]. — *Paris, Baudouin (imprimerie de J. Didot aîné).* 1829 et ann.
suiv., ou *Paris, Pourrat frères (imprimerie de Crapelet).* 1831, 75 vol. in-8 [2]. —
Paris (imprimerie de David, à Paris; de Tremblay, à Senlis). 1829 et ann. suiv.
75 vol. in-18 [3]. — *Paris, A. Aubrée (impr. de Trouvé et de Rignoux)* 1829 et ann.
suiv., 54 vol. in-8. — *Paris, Drevet, Gagniard, ou Lefebvre (impr. de Pinard,
d'Allois, etc.)* 1829 et ann. suiv., 50 vol. in-12. — *Paris, Bazouge-Pigoreau
(impr de Rignoux).* 1832 et ann. suiv., 70 vol. in-8. — *Paris, Pourrat frères
(impr. de Rignoux).* 1833 et ann. suiv., 75 vol. in-8. — *Paris, Balencie (impr. de
Grégoire).* 1834, 75 vol. in-18. — *Paris, s. n. (impr. d'Éverat) et Paris, Furne.*
1835 et ann. suiv., 13 vol gr. in-8 à 2 col., figg. — *Paris, Postel, Ferrier, Des-
champs (impr de Bacquenois).* 1835 et ann. suiv., 7 vol. gr. in-8 à 2 colonnes, figg.
— *Paris, Houssiaux et Perrotin (impr. de F. Didot).* 1852, 13 vol. gr. in-8 à
2 colonnes, figg. — *Paris, Bry aîné, Lécrivain et Toubon (impr. de Gaillet et de
Bry aîné).* 1856 et ann. suiv., 20 vol. in-8 [4]. — *Paris, F. Didot frères, fils et Cie
(impr. de F. Didot).* 1859, 13 vol. gr. in-8 à 2 col, figg.— *Paris, Hachette et Cie ,
(impr. Lahure et Cie* [1]*).* 1859 et ann. suiv., 35 vol. in-18 jésus [5]. — *Paris, aux
Bureaux du Siècle (impr. de J. Voisvenel).* 1867 et ann. suiv., 8 vol. in-4 à 2 col.
— *Paris, Garnier frères, 1877-1883.* 50 vol. in-8.

ÉDITIONS DES ŒUVRES DE VOLTAIRE, QUI ONT ÉTÉ COMMENCÉES, PUIS ABANDONNÉES :

428. *L'édition stéréotype (Paris, P. et F. Didot, 1799 à 1823)* : cette édition
forme 61 vol. in-18 ; pour être complète, elle ne devrait pas avoir, selon Beuchot,
moins de 130 volumes.

429. L'édition in-32 (*Paris, Baudouin et Lemoine, 1826-1827*), dont il n'a paru
que 14 livraisons.

430. L'édition in-16, entreprise en 1827 par MM.*Delangle et Doyen*, et dont il
n'a été publié que 6 volumes.

ÉDITIONS DES ŒUVRES DE VOLTAIRE DONT IL N'A PARU QUE LE PROSPECTUS :

431. L'édition des *Deux mille*, qui devait former 30 vol. in-18 (1826).

432. L'édition promise d'abord en 77, puis en 90 vol., par le libraire *Mongie aîné*
(1827).

433. L'édition *nationale*, par voie de concours, annoncée en 75 vol. grand in-8
(1830).

434. L'édition dédiée au général de La Fayette, annoncée en 100 vol. in-16
(1830).

1. C'est l'édition Beuchot, elle fait suite à la collection des *Classiques français* publiée par
Lefèvre. Les faux-titres du grand papier portent : *Collection des classiques français.*
2. Nouveau tirages des 2e, 3e, 4e et 5e éditions Baudouin.
3. Nouveau tirage du *Voltaire-Touquet.*
4. Cette édition n'a pas été achevée.
5. Une autre édition, publiée chez le même libraire, a 46 vol. in-18 jésus.

E. — ŒUVRES CHOISIES.

435. ŒUVRES MÊLÉES D'UN AUTEUR CÉLÈBRE QUI S'EST RETIRÉ DE FRANCE. *Berlin, s. n.,* 1753. Petit in-8.

> Contient seulement la *Diatribe du docteur Akakia et la Défense de Mylord Bolingbroke.*

436. ŒUVRES CHOISIES (POÉTIQUES) DE M. DE VOLTAIRE. *S. l.,* 1756. 5 vol. petit in-12.

> Édition mentionnée par Quérard.

437. ŒUVRES CHOISIES DE M. DE VOLTAIRE. *Avignon, Giroud,* 1764. In-8.

> Ne contient que des poésies, *le Temple du Goût,* et quelques Lettres mêlées de vers et de prose.

AUTRES ÉDITIONS DES ŒUVRES CHOISIES DE VOLTAIRE :

438. *Paris, Stoupe et Servière.* 1792 et ann. suiv. 55 vol. in-8 (avec des notes et des observations critiques, par Palissot).— *Paris, Renouard.* 1817, 21 vol. in-12 et in-8. Figg. — *Paris (impr. de Baudouin fils).* 1820, 15 vol. in-12 (édition publiée par M. Touquet).— *Paris, Baudouin frères.* 1821, in-12 (édition dialoguée, et intitulée *Voltaire en un volume*). — *Paris, Dupont.* 1833, 33 vol. in-8. — *Paris, Treuttel et Wurtz.* 1838, 33 vol. in-8. — *Paris, aux bureaux du Comité central.* 1878, in-18 jésus. *Édition du centenaire.*

On peut aussi ranger parmi les ŒŒuvres choisies de Voltaire les ouvrages suivants, qui se composent en grande partie d'écrits partis de sa main :

1° Les dix-neuf volumes des *Nouveaux Mélanges philosophiques, historiques, etc. S. l.* (Genève, Cramer). 1765, et ann. suiv.

2° *L'Évangile de la Raison. Ouvrage posthume de M. D. M... y. S. l. n. d,* (1764), in-8.

3° *Le Recueil nécessaire. Leipsik.* 1765 (1766) in-8.

4° *Les Choses utiles et agréables.* Berlin (Genève) 1769-1770, 3 vol. in-8.

5° Les quinze volumes de l'*Évangile du jour. Londres (Amsterdam).* 1769 et ann. suiv.

F. — OUVRAGES FAUSSEMENT ATTRIBUÉS A VOLTAIRE OU IMPRIMÉS SOUS SON NOM.

I. — THÉATRE.

Jean Hennuyer, évêque de Lisieux, 1772, in-8 (par Mercier).

M. de Fintac ou le Faux Connaisseur. 1775, in-8 (par Lefebvre de Saint-Ildephont).

La Mort de Caton, 1777, in-8 (par Panckoucke).

On a attribué encore à Voltaire le *Ballet de la Sottise* (de Bernard); — *le Mauvais Ménage* (de Legrand et Dominique); — les *Titans*, opéra; — *Salmanazar;* — *l'Amiral Bing;* — *Fintée* ou *Fuitée* (M. de Fintac); — *le Siège de Paris;* — *Xerxès.* Sur ces diverses pièces, voyez la *Préface* de Beuchot, en tête du *Théâtre de Voltaire;* — Cf Grimm, *Correspondance littéraire*, 15 mai 1757.

Coligny ou la Saint-Barthélemy, 1740, in-8 (par Baculard d'Arnaud) a été aussi mis sur le compte de Voltaire. (Voy. *Critique de la tragédie de Coligny*, par *M. de V***. Bruxelles*, 1740, in-8.)

II. — POÉSIES.

A. — Odes.

Ode sur les conquêtes du Roi, 1744, in-4 (par M⁰ Bienvenu).

Voltaire pénitent. Ode imprimée dans la *Correspondance de Grimm*, éd. Tourneux, t. IV, pp. 11-16, et attribuée à Voltaire par M. Ed. Fournier (*Introduction au Théâtre de Voltaire, Paris*, 1874).

Ode sur la guerre (par Borde; voy. Voltaire à Pierre Rousseau, 16 septembre 1761).

B. — Stances.

Des *stances* attribuées à Voltaire sont insérées dans la *Correspondance de Grimm*, éd. Tourneux, t. V, p. 70. Cf la présente édition, t. XXXII. Voy. *ibid.* d'autres stances intitulées : *Portrait de la marquise du Châtelet.*

C. — Contes en vers.

Le Banquet, imprimé à la suite de *la Ligue ou Henry le Grand*, 1724.

Le Bijou trop peu payé et la brunette anglaise, 1764, in-8.

Le Janséniste et le Moliniste, imprimé dans la *Correspondance secrète*, t. XI, pp. 111-115.

D. — Satires.

Les *J'ai vu*, de Lebrun. Voy. t. I⁰ᵉʳ de la présente édition.

Brevet pour agréger le sieur Camuzat dans le régiment de la Calotte.

Deux pièces de vers sur l'expulsion du Prétendant. L'une de ces pièces est de Desforges, l'autre de l'abbé Sigorgne.

Irus ou le savetier du coin. 1760. In-8 (par Groubentail de Linières).

L'Apothéose du roi Pétaud.

Michel et Michau (par Turgot).

E. — Épîtres.

Épître sur l'honneur. S. l. n. d. In-8.

Épître newtonienne sur le genre de philosophie propre à rendre heureux. S. l. 1739, in-8.

Épître de M. de V... à Mgr l'archevêque de Paris, s. l. n. d. (1752) in-8.

Épître à MM. La Beaumelle, Fréron, Clément et Sabatier, suivie de la *Profession de foi, autre épître du même auteur par M. de V***.* 1773, in-8.

Épître à Ninon de Lenclos et réponse à M. de V***, publiée par M. *Asinoff, etc.* Nouvelle édition, Genève. 1774, in-8. — Cette épître, du comte André Schouwalow, a été imprimée par les soins de Voltaire, à qui on l'a souvent attribuée.

Épître à Henri IV sur l'avènement de Louis XVI. 1774, in-8.

Épître au comte de Tress... sur ces pestes publiques qu'on appelle philosophes. 1775, in-8.

Épître de M. de Voltaire aux Parisiens, pour servir de suite à son retour de Ombres. 1770, in-8.

*Épître de Voltaire à M*lle *Raucour (sic).* 1790, in-8.

Épître de Voltaire aux nombreux éditeurs de ses œuvres complètes. 1817, in-8.

Épître de Voltaire à M. Beuchot, l'un de ses éditeurs. 1817, in-8.

Voy. d'autres épîtres imprimées sous le nom de Voltaire dans le *Mercure* de septembre 1731; dans le *Recueil de nouvelles pièces fugitives en prose et en vers, par M. de Voltaire,* Londres, 1741; dans les *Pièces fugitives de M. de Voltaire,* s. l. et s. d. (1742); dans le *Portefeuille trouvé,* 1757, t. I; dans le *Second Recueil de nouvelles pièces fugitives de M. de Voltaire,* Genève et Paris, Duchesne, 1762; dans l'*Évangile du jour,* t. VIII; dans l'*Almanach des Muses,* de 1775 et de 1783; dans la *Correspondance secrète,* t. VI; dans les *Lettres inédites de Voltaire,* de M*me* Denis, etc., 1821, in-8.

F. — *Poésies mêlées.*

Un volume entier ne suffirait pas pour recueillir tous les vers attribués à Voltaire ou imprimés sous son nom : nous nous bornerons à renvoyer au *Mercure* de novembre 1755, aux *Nouvelles littéraires* de l'abbé Raynal, dans le tome I de la *Correspondance de Grimm,* éd. Tourneux, pp. 366 et 368-369; à la *Correspondance de Grimm,* t. III, pp. 156, 159, 169; t. VII, pp. 471, 499, 500; t. IX, pp. 224, 285; à la *Correspondance secrète,* t. II, p. 211; t. III, p. 224; t. V, p. 7; t. XI, pp. 115, 265; t. XII, p. 203, etc., etc.

Citons encore, parmi les ouvrages en vers publiés sous le nom de Voltaire, des *Adieux de Voltaire aux Muses,* 1739, in-8; la *Nouvelle Héloïse,* romance (en 57 couplets); une *Réponse de M. de Voltaire aux épitres du Diable,* 1762, in-8; le *Vieux de la Montagne,* 1772, in-8; *Voltaire aux Welches,* 1780, in-8; *Voltaire des champs Élysées à ses concitoyens* (vers 1789); *Voltaire tel qu'il est maintenant ou tel qu'il doit être ou Réponse de Voltaire à J. Chénier,* 1806, in-8; des vers de Voltaire *sur les femmes de quarante ans,* imprimés dans les *Lettres de Ninon de Lenclos au marquis de Sévigné,* éd. de 1806, etc., etc.

III. — ROMANS.

Nouvelle. Fragment, de M. de V***, trouvé dans ses papiers, écrit de sa main. S. l. n. d. In-12 de 12 pp.

Fait partie du volume intitulé : *Recueil de nouvelles pièces fugitives en prose et en vers par M. de Voltaire.* Londres. 1741, in-12.

Candide, seconde partie (voyez : *Romans*).

Chinki, histoire cochinchinoise qui peut servir à d'autres pays, etc. 1768, in-8 (par l'abbé Coyer).

L'homme au latin ou *la Destinée des savants.* 1769, in-8 (par Siret).

Foka ou les Métamorphoses, conte chinois dérobé à M. de. V... 1777, 2 parties, in-12 (par Baret).

L'Odalisque, ouvrage traduit du turc. Constantinople (Genève). 1779, in-12.

Misogug ou *les Femmes comme elles sont, histoire orientale, traduite du chaldéen* (par de Cubières). *Paris.* 1788, 2 vol. in-12. Quérard, *Bibliogr. volt.,* n° 571.

L'Arbre de science, roman posthume de Voltaire. 1842, in-32.

Voy. aussi le *Dernier Volume des œuvres de Voltaire* (le comte de Boursoufle, fragment d'un conte inédit de Voltaire) et un article de M. Courbet, dans la *Gazette bibliographique. Paris, Lemerre.* 1868-1869, p. 257 (*Anecdotes de l'ambassade turque en France,* conte inédit de Voltaire).

IV. — MÉLANGES.

Mémoires pour servir à l'histoire de Perse. 1745, petit in-8.

   Attribués à Voltaire par M. Paul Lacroix (voy. son *Histoire de l'homme au masque de fer,* 1840, in-12). Cf *Erreurs et Mensonges historiques,* par Ch. de Barthélemy, 1866, 2 vol. in-18.

Le Philosophe chrétien, 1749, in-12 (par le roi Stanislas). Voy. Desnoiresterres, *Voltaire à la cour,* p. 251.

Lettre d'un académicien de province à MM. de l'Académie française. 1749, in-12 (par du Molard Bert).

   Voy. Clément, *les Cinq Années littéraires,* 26 février 1749.

Mes Pensées. Copenhague. 1751, in-12 (par La Beaumelle).

   Voy. Desnoiresterres, *Voltaire et Frédéric,* p. 222.

Idée de la personne, de la manière de vivre et de la cour du roi de Prusse. Juin 1752 (sic). *Avec une déclaration de M. de Voltaire, détenu en prison à Francfort par le roi de Prusse, et la lettre à M*^me^ *Denis du 9 juillet 1753. S. l. n. d.* In-4 de 8 pp.

   Le faux titre d'une édition de 1773 (en français et en anglais) porte : *Idée du roi de Prusse par M. de Voltaire.* Cf la *Nouvelle Revue encyclopédique. Paris, Didot,* 1818, t. V, p. 426, et Desnoiresterres, *Voltaire à Cirey,* 392, et *Voltaire à la cour,* 431.

Testament politique de Mandrin (par le chev. Goudar). Genève, 1755, in-12.

   Quérard, *Bibliogr. volt.,* n° 538.

Poliergie ou *Mélange (sic) de littérature et de poésie, par M. de V*··· 1757. in-12.

Réflexions d'un Suisse sur la guerre présente, 1757, in-8.

   Barbier, *Dict. des ouv. anonym.,* IV, 128.

Projet aussi utile aux sciences et aux lettres qu'avantageux à l'État, par Sadoc Zorobabel. 1760, in-12.

   Quérard, *les Supercheries littéraires dévoilées,* III, 495.

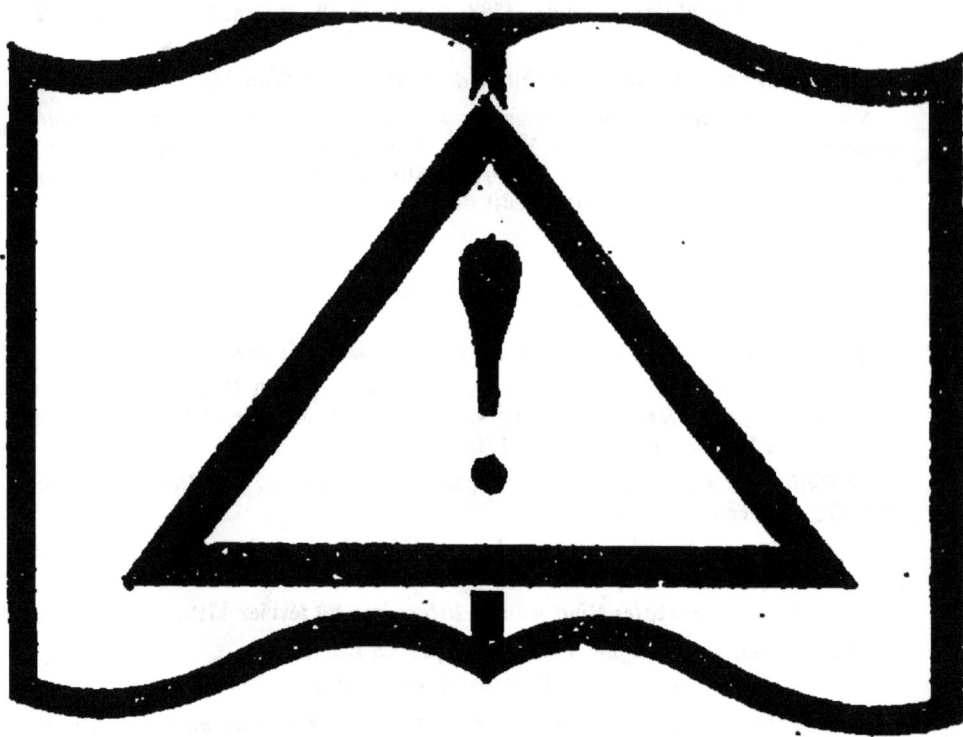

Prédiction tirée d'un vieux manuscrit en style prophétique, S. l. n.   d. (1761). In-12.

Grimm, *Correspondance littéraire*, éd. Tourneux, IV, 427.

Les Pourquoi, ou Questions sur une grande affaire pour ceux qui n'ont que trois minutes à y donner. S. l. 1762, in-12 (par Botherel).

Mémoires secrets, 28 août 1762.

Le Codicille de M. de Voltaire. Genève. 1762, in-12.

De l'Esprit, par M. de V*** Genève, 1762, in-12.

L'Arétin. (1763), in-12.

Mémoires secrets, 9 octobre 1763.

Lettre à Mgr l'archevêque de Lyon, dans laquelle on traite du prêt à intérêt à Lyon. Avign m. 1763, in-8 (par Prost de Royer et, peut-être, Voltaire).

Profession de foi philosophique. Amsterdam, Marc-Michel Rey, et Lyon. 1763, in-8 (par Borde; attribuée aussi à M. de Montazet).

Lettre du rabbin Aaron Mathathai à Guillaume Vadé, etc. Amsterdam, 1765, in-8.

Dénonciation de l'Ancien et du Nouveau Testament à l'Europe.

Collé, *Journal et Mémoires*, III, 44; Cf *Mémoires secrets*, 27 septembre 1765.

Analyse de la religion chrétienne, par du Marsais.

Fait partie du *Recueil nécessaire* publié en 1766, avec le millésime 1765. Nous croyons, avec Grimm, que, si ce morceau n'est pas de Voltaire, « le patriarche l'a au moins fortement retouché ». Voy. *Correspondance littéraire*, éd. Tourneux, VII, 147.

Les Matinées du roi de Prusse, écrites par lui-même, 1766, in-12.

Sur cet ouvrage, voy. Quérard, *les Supercheries littéraires dévoilées*, III, 83 et sq.; — une *Table chronologique des diverses éditions connues des Matinées du roi de Prusse*, par M. Paul Lacroix, en tête d'une réimpression de 1871, in-8; — le *Catalogue raisonné des écrits attribués à Frédéric le Grand* dans le volume de *Tables* de l'édition Preuss, p 159, *etc., etc.*

Réimpr. sous ce titre : *les Soirées du roi de Prusse ou Entretiens sur l'art de régner*, 1771, in-8 (avec quelques opuscules de Voltaire). Il existe aussi des *Soirées philosophiques du cuisinier du roi de Prusse (Sans-Souci*, 1785, in-8,) composées en grande partie d'entretiens extraits des *OEuvres de Voltaire*.

Code évangélique (1766), in-8 de 35 pp.

Grimm, *Correspondance littéraire*, édit. Tourneux, VI, 473.

De la Prédication, par l'auteur du Dictionnaire philosophique (par l'abbé Coyer). *Aux Délices*, 1766, in-12.

Le compère Mathieu ou les Bigarrures de l'esprit humain (par Du Laurens) 1766, 3 vol. in-8.

Réponse honnête à des théologiens, au sujet de Bélisaire, 1767, in-8.

Quérard, *Bibliogr. volt.*, n° 552.

La Théologie portative et l'Imposture sacerdotale (1767).

Les *Mémoires secrets* du 18 septembre 1707 attribuent ces deux ouvrages à Voltaire. Cf *Mémoires secrets* du 20 octobre 1767.

« Il y a encore des critiques et des érudits qui tiennent que la *Théologie* portative ou *Dictionnaire abrégé de la religion chrétienne, par M. l'abbé Bernier, licencié en théologie*, ne peut être (moins le Discours préliminaire) que de Voltaire. »

Almanach philosophique en quatre parties, etc. Goa, 1767 (par Castillon).
> *Mémoires secrets*, 16 janvier 1767.

L'Honnêteté théologique (1767) par Damilaville.
> Grimm, *Correspondance littéraire*, éd. Tourneux, VIII, 221.

Le Calendrier politique, ou prédictions véritables pour les temps écoulés. 1768, in-12.
> Quérard, *Bibliogr. volt.*, n° 551.

Le Catéchumène, traduit du chinois. Amsterdam. 1768, in-8.
> Souvent réimprimé et sous des titres différents (par Bordé).

Cri d'un honnête homme qui se croit fondé en droit naturel et divin à répudier sa femme, etc. (par Philibert). S. l. 1768. In-12.
> Selon Wagnière (*Mémoires sur Voltaire*, I, 291), Voltaire a collaboré à cet ouvrage.

Tableau philosophique du genre humain depuis l'origine du monde jusqu'à Constantin. Traduit de l'anglais (par Bordé). Londres, 1770, in-8.
> La première édition est de 1767 : voy. Grimm, *Correspondance littéraire*, VII, 507.

Histoire abrégée des religions du monde ou l'analyse de l'Encyclopédie de Voltaire. Genève, 1770, 2 parties in-12.

Histoire critique de Jésus-Christ ou analyse raisonnée des Évangiles (par le baron d'Holbach ; Amsterdam, vers 1770); in-8.
> Quérard, *Bibliogr. volt.*, n° 559.

Testament politique de M. de V... (par Marchand). Genève et Paris, 1770, in-8.

*Le Parloir de l'abbaye de *** ou Entretiens sur le divorce, par M. de V***, etc.*, (par De Cerfvol). Genève, 1770, in-8.

Essai sur la poésie lyri-comique par Jérôme Carré. 1771, in-8.
> Grimm, *Correspondance littéraire*, éd. Tourneux, IX, 270.

Les Oreilles des baudets de Corinthe avec une lettre de M. de Voltaire sur les comètes. La Haye et Paris. 1772, in-8.

Le Congrès politique. 1772.
> Voy. *l'Intermédiaire des chercheurs et curieux.* Année 1865, pp. 330, 413.

Deux Sermons prêchés à Toulouse devant MM. du Parlement et du Consulat, etc., etc. 1772, in-12.
> Quérard, *Bibliogr. volt.*, n° 562.

Lettre de M. l'abbé Pinzo au susnommé Clément XIV, son ancien camarade de collège, etc.
> Grimm, *Correspondance littéraire*, édit. Tourneux, X, 59-60.

Lettre d'un père à son fils faisant l'auteur et le bel esprit à Paris, etc., 1773, in-8.
> Grimm, *ibid.*, X, 228.

Extrait d'un ouvrage nouveau des dictionnaires de calomnies, article 15. 1773.

Mémoires secrets, du 15 octobre 1773. — Ne serait-ce pas la *Réponse par M. de Morza au fragment d'une lettre sur les dictionnaires satiriques?* (Voy. la présente édition, t. XXIX, p. 1.)

Lettre d'un théologien (Condorcet) *à l'auteur du Dictionnaire des trois siècles.* 1774.

Grimm, *Correspondance littéraire*, éd. Tourneux, X, 473.

Lettre d'un fermier de Champagne à M. Necker, 1774. — *Lettre d'un laboureur de Picardie à M***, auteur prohibitif à Paris.* 1776.

Mémoires secrets des 30 décembre 1775 et 14 avril 1776.

Lettre de l'inquisiteur de Goa à Maître Dedelay d'Achères, inquisiteur au Châtelet de Paris, etc., etc. Goa, 1776, in-8.

Trois *Lettres.*

Lettre d'un ami des hommes ou réponse à la diatribe de M. de V. contre le clergé de France par l'auteur du Préservatif (le P. Richard). 1776, in-8.

Réflexions d'un citoyen catholique sur les lois de France relatives aux protestants (par Condorcet), 1778, in-12.

Une édition en a été donnée sous le nom de Voltaire, *Maestricht*, 1778, in-8.

Pièces fugitives des OEuvres mêlées de M. de V... (par G. A. de Mehegan), 1779, in-12.

Éloge de Voltaire composé par Voltaire lui-même. Londres et Paris. 1780, in-8.

Quérard, *les Supercheries littéraires dévoilées*, III, 973.

Lettres philosophiques sur saint Paul. Traduit de l'anglais, par le philosophe de Ferney, Neufchâtel, 1783, in-8. (Attribuées à Brissot.)

Voltaire aux Français, sur leur constitution (par J.-J. Laya). *Paris.* 1789 ou 1790, in-8.

Quérard indique encore, parmi les ouvrages *attribués à Voltaire*, un *Dialogue entre Périclès, un Grec et un Russe* (par Suard), et *David ou l'histoire de l'homme selon le cœur de Dieu* (Voy. *Bibliogr. volt.*, n°ˢ 557 et 564).

V. — CORRESPONDANCE.

Lettre de Voltaire à l'Assemblée nationale. (1791), in-8.

Lettre philosophique, morale et littéraire de Voltaire aux Français, par E. B. D. M. Paris. 1818, in-8.

Lettres de Voltaire à Mme du Deffand au sujet du jeune de Rebecque, etc. Paris. 1837, in-8.

Une lettre de Voltaire au comte d'Argental, par Edgar Courtois. *Paris.* 1878, in-32.

Les lettres insérées sous le nom de Voltaire dans les *Mémoires secrets et inédits de Mme Du Barry (Paris*, 1839, 6 vol. in-8) sont apocryphes.

G. BENGESDH....

TABLE DES MATIÈRES

ANCIENNE MAISON J. CLAYE

PARIS. — IMPRIMERIE A. QUANTIN

7, RUE SAINT-BENOIT.

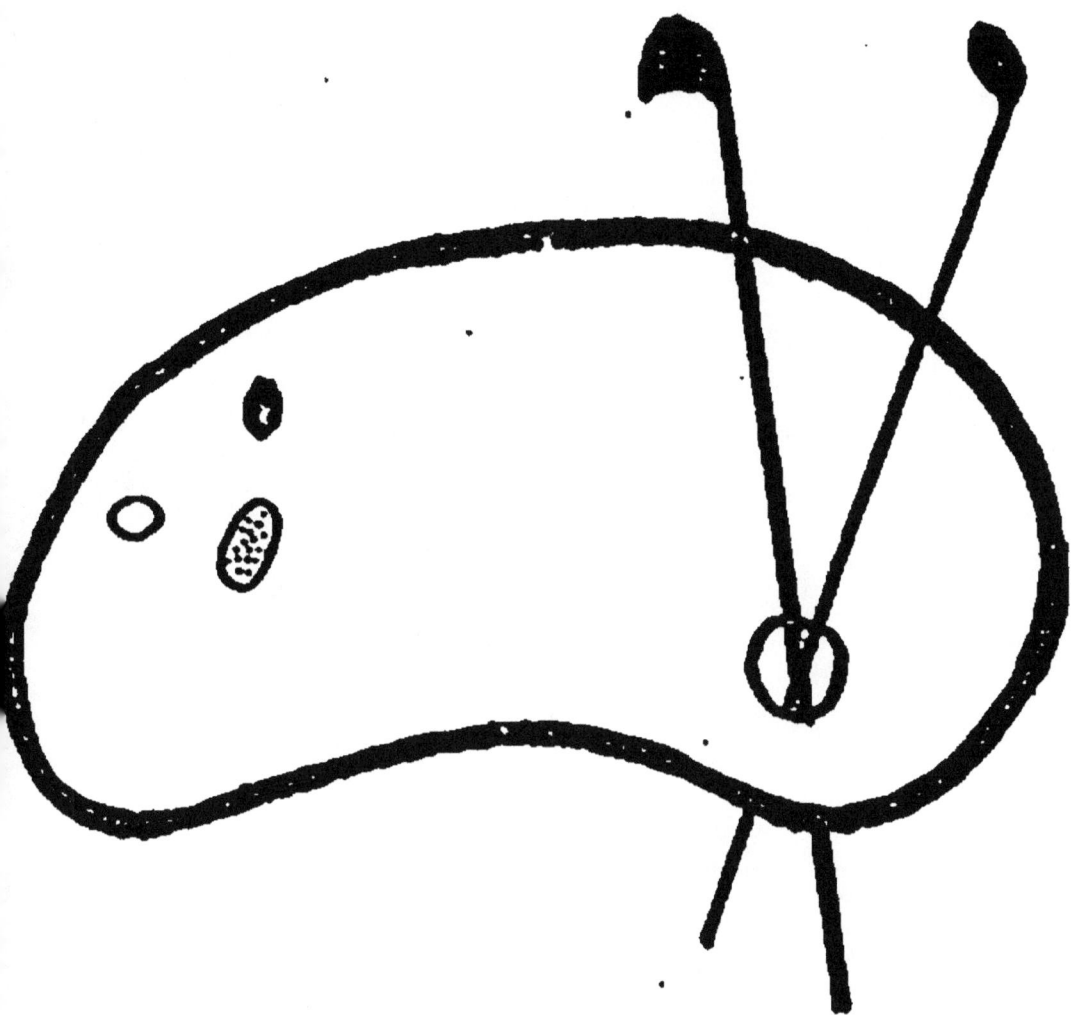

ORIGINAL EN COULEUR
NF Z 43-120-8

www.ingramcontent.com/pod-product-compliance
Lightning Source LLC
Chambersburg PA
CBHW051733090426
42738CB00010B/2245